米国公認会計士 U.S. Certified Public Accountant

USCPAになりたいと思ったら読む本 改訂版

「USCPAどこのブログ」管理人
どこ（ワシントン州USCPA）

中央経済社

改訂版刊行にあたって――USCPA 試験は2024年１月に新試験制度へ

おかげさまで『USCPA（米国公認会計士）になりたいと思ったら読む本』の改訂版が刊行される運びとなりました。初版刊行から１年の間にも，USCPA に興味をもつ人は増え続け，USCPA がますます広く認知されるようになってきているように感じます。USCPA 合格者数も日本において右肩上がりです。

2024年 USCPA 試験制度が変更に！

USCPA 人気が高まる中，USCPA 試験は2024年１月に新試験制度に移行します。USCPA 試験は小規模な試験制度変更は６年から７年ごとにありますが，2024年の試験制度変更は「CPA Evolution」と呼ばれ，20年ぶりの大規模な変更と言われています。よって，本書も初版に新試験制度の情報を反映させ，書き改めることになりました。

USCPA 試験制度がどのように変わるのか，USCPA 受験生にどのような影響があるのかについては，「USCPA になりたい」と思ったらよく理解しておく必要があるでしょう。そこで初めに，ぜひ知っておいていただきたい2024年の USCPA 試験制度変更のポイントをご紹介します。

2024年 USCPA 試験制度変更のポイントは？

2024年１月からの USCPA 試験制度では，試験科目が変更となります。選択科目が導入されますので，USCPA 受験生はどの科目を受験するか自分で決める必要があります。

2024年 USCPA 試験制度変更のポイント

❶ 試験科目が変更となる

❷ 選択科目を決める必要がある

① 試験科目が変更となる

試験科目が変更となるのが2024年 USCPA 試験制度変更の一番のポイントでしょう。試験科目の数は全４科目で変更はないのですが，「必須科目４科目」から「必須科目３科目＋選択科目１科目」となります。必須科目では基礎的な内容，選択科目ではより専門的な内容が試されます。

必須科目はBEC（経営環境と諸概念）がなくなり，FAR（財務会計）・AUD（監査と証明業務）・REG（税法と商法）という，会計・監査・税法と商法の３

2023年12月までの試験科目

略称	英語名	和訳名
FAR	Financial Accounting and Reporting	財務会計
BEC	Business Environment and Concepts	経営環境と諸概念
AUD	Auditing and Attestation	監査と証明業務
REG	Regulation	諸法規

2024年１月からの試験科目

	略称	英語名	和訳名
必須科目 （Core 科目）	FAR	Financial Accounting and Reporting	財務会計
	AUD	Auditing and Attestation	監査と証明業務
	REG	Taxation and Regulation	税法と商法
選択科目 （Discipline 科目）	BAR	Business Analysis and Reporting	ビジネス分析と報告
	ISC	Information Systems and Controls	情報システムと統制
	TCP	Tax Compliance and Planning	税法遵守と税務計画

科目となります。

そして，選択科目はBAR（ビジネス分析と報告）・ISC（情報システムと統制）・TCP（税法遵守と税務計画）という，会計・監査・税務に関連した3科目となります。

② 選択科目を決める必要がある

選択科目を決める必要があるのも2024年USCPA試験制度変更の重要なポイントでしょう。USCPA受験生は，自分の興味やキャリアパスを考慮し選択科目3科目（BAR・ISC・TCP）の中から1科目を自由に選ぶことになります。

職域・必須科目・選択科目の関係

職域	必須科目	選択科目
会計	FAR	BAR
監査	AUD	ISC（ただしIT寄り）
税務	REG（ただし商法を含む）	TCP

BARはFARが前提で会計，ISCはAUDが前提で監査，TCPはREGが前提で税務となり，会計・監査・税務という3つの職域のどの知識やスキルをより深めていきたいかでどの選択科目を選ぶか決まってきます。

日本のUSCPA受験生はUSCPA予備校の講座を受講する場合が多く，現実的には講座の充実さで選択科目を決定することになるかもしれません。

また，USCPA試験に確実に合格することを第一目的とし，合格率の高さで選択科目を決定するUSCPA受験生も現れることでしょう。

はじめに――USCPAってどんな資格？

最近，SNSなどを見ていると，USCPA（米国公認会計士）に興味をもつ人がじわじわと増えてきているように感じます。「英語×会計」を武器にしたい社会人から，グローバルな活躍を目指す学生まで，その属性はさまざまです。

実際，私の運営する「USCPAどこのブログ」にも，読者から多くの反応が寄せられています。ですが，その中にはUSCPAについてやや誤解された面があることも否めません。

そこで，本書ではUSCPAという資格のプラス面だけではなく，マイナス面も含め，リアルにお伝えしています。なぜなら，「USCPAになりたい」と本書を手に取っていただいたあなたに，「USCPAになる」と決心していただくことだけが目的ではなく，「USCPAはやめておく」と判断を変える機会ももっていただきたいからです。

■USCPAになるとどんなキャリアが待っている？

当然，資格は手段であって目的ではありません。「USCPAになってから」が大切です。USCPAになったらどんなキャリアが考えられるのでしょうか？　実際に大手監査法人や海外で働いた経験を交えて，USCPAという資格の活かし方やUSCPAのキャリアパスをご紹介しますので，「USCPAになった自分」をイメージしてみてください。

■USCPAという資格が一番自分に合っている？

そもそも，会計資格というのはUSCPAだけではありません。その中で，USCPAという資格を本当に選んでよいのでしょうか？　本書では，USCPAと比較できる会計資格をご紹介しているので，「自分にとってUSCPAが最適な資格」と確信できるか考えてみてください。

「USCPA 合格の誓約書」

「USCPA に絶対なる！」と決心しても，合格まで勉強を続けるのは生半可なことではありません。本書では，ちょっとしたワークを通して，あなたの決意を表明する「USCPA 合格の誓約書」を作成していただきますので，お手元において勉強がつらくなったときに見返してください。

USCPA になるまでの「ロードマップ」

では，「USCPA に絶対なる！」と決心してから実際になるまでに，何をするのでしょうか？　本書では，どのような手続きが必要なのかがわかる「ロードマップ」を USCPA 受験の「登場人物」とともにご紹介しますので，USCPA になるまでに歩むことになる道のりを把握してください。

短期合格のコツ

USCPA を目指すのであれば，なるべく少ない労力で試験に合格したいものです。特に USCPA は社会人受験生が多いのでなおさらです。仕事と勉強の両立に苦労し，少ない勉強時間で早く合格することを目指した経験を基に，短期合格のコツをお伝えします。

学習のヒントと「処方箋」

USCPA の勉強は長丁場になるので，どう勉強したらよいか悩んだり，USCPA に対してネガティブな感情がわいたりするかもしれません。結果が出せる学習のヒントと挫折しそうになったときのための「処方箋」をご用意しましたので，困ったら読み勉強を頑張る力を取り戻してください。

USCPA に興味をもったあなたは，「USCPA になるのが一番の選択である」と確信できるかな？
この本を読み終わるまでに，あなたにとって一番の選択が決まりますように。

どこ

目　次

USCPAになりたいと思ったら はじめに確認すること

本章でお話しすること

「USCPA になりたい」と思ったあなたに向けて，はじめに確認しておいていただきたいことをご説明していきます。

USCPA という資格は，誰でも活かせるわけではありません。ですが，活かせる人にとっては，キャリア形成において大きなプラスになります。どんな人なら活かせるのか，どんな人は活かしにくいのかを知り，では自分はどうなのか考えていただくことが重要でしょう。

USCPA になりたいと思ったらはじめに確認したいこと

1. USCPA 合格者が USCPA になりたいと思った理由
2. USCPA 検討者が USCPA を選ぶか迷う疑問
3. USCPA を受けるか再考の余地がある人
4. USCPA の勉強をやめてしまった人の挫折した理由

あなたはなぜ USCPA になりたいのかな？
USCPA という資格を選ぶことに迷いがあるかな？　USCPA のプラスの面とマイナスの面の両方を知っておいてね。

1 USCPAになりたいと思った理由は？ 合格者に共通する志望動機

あなたが「USCPAになりたい」と思うのはなぜでしょうか？　もしかしたら，一言で説明するのは難しいかもしれませんね。実際にUSCPA合格を果たした人たちが「USCPAになりたい」と思った理由を見て，USCPAの魅力を再確認してみましょう。

USCPA合格者がUSCPAになりたいと思った理由

1. 「会計×英語」のレアな人材になれるから
2. キャリアアップして高収入が狙えるから
3. キャリアチェンジして人生が変えられるから
4. 評価がプラスになったり，昇進に必須だから
5. 少し珍しくて周りと差別化できるから
6. 海外でも評価されるから

1 「会計×英語」のレアな人材になれるから

USCPAは，米国の公認会計士資格です。米国の公認会計士試験ですので，英語で出題されます。つまり，USCPAということは，「英語で会計がわかること」の証明になります。

世の中には，「英語が得意な人」か「会計がわかる人」のどちらかだけの人は多いです。ですが，「英語も会計もできる」となると，ぐっとその数は減ります。USCPAというのは，そんな希少価値のある「会計×英語」の人材であることが，わかりやすく示せる資格なのです。

2 キャリアアップして高収入が狙えるから

既に会計や経理などの仕事をしている人は，USCPA 資格を取ることで，外資系企業や海外進出しているような日系の大企業に，英語ができる会計の「スペシャリスト」として，好待遇で採用されるチャンスが得られます。

また，USCPA は米国の公認会計士資格ですが，日本の監査法人で日本の公認会計士と肩を並べて働けます。ほか，会計の「プロフェッショナル」として，高収入が得られる道がいくつもみつかります。

3 キャリアチェンジして人生が変えられるから

会計や経理などの実務経験がない人でも，USCPA 資格を取ることで，会計のキャリアを新しく始めることができます。

たとえば，特に何も専門性がない営業職の若手が，USCPA 資格を切り札として，監査法人で会計の「プロフェッショナル」として採用されるといったことが可能になります。

4 評価がプラスになったり，昇進に必須だから

転職をするつもりが特になくても，USCPA 資格を取ることで社内での評価が上がったり，海外関連の部署や英語を使う部署に異動できたり，海外駐在に選ばれたりします。

また，外資系企業の経理職の場合は，USCPA 資格を持っていることがマネージャーになる条件になっている場合もあり，昇進のために USCPA を取るということもあります。

5　少し珍しくて周りと差別化できるから

簿記検定，税理士，日本の公認会計士といった誰でも知っている会計資格や，TOEIC®や英語検定といった定番の英語資格ではなく，USCPAという少し珍しい資格を取ることで，周りと差別化できます。

たとえば，USCPA資格を取ることで，大学生は就活をする際に，他の応募者とひと味違うことがアピールできますし，経理職の人は簿記検定しか持っていない人と差が付けられます。

6　海外でも評価されるから

USCPAは米国の公認会計士資格ですが，米国だけではなく他の国でも知名度があるため，USCPA資格があると海外で働く際に大きなアドバンテージとなります。

海外では日本の公認会計士よりUSCPAのほうが知名度が高いため，海外で働きたい場合は，日本の公認会計士ではなくUSCPAを取る動機となります。

また，USCPA試験のために英語で会計の勉強をすることになるので，海外で働きたい場合は，英語で会計が理解できるようになるのは有利だとも考えられます。

2 USCPAに興味はあるけど，でも…。検討者が二の足を踏む疑問

「USCPAになりたい」と思ってはいるけれど，すぐに受験すると決められない何かがあるでしょうか？　それが解決しない限りは，次の一歩が踏み出せないかもしれませんね。USCPA検討者が決断に悩む，USCPAに関するモヤモヤも最初にクリアにしておきましょう。

USCPA検討者がUSCPAを選ぶか迷う疑問

❶ 米大卒でも会計学専攻でもないけど，大丈夫？
❷ 日本の公認会計士とどちらがおすすめ？
❸ 簿記検定を受けてから勉強を始めたほうがいい？
❹ 英語力を上げてから勉強を始めたほうがいい？
❺ USCPA資格があれば未経験でも転職できる？

1 米大卒でも会計学専攻でもないけど大丈夫？

USCPAは米国の公認会計士資格ですが，受験資格を満たしていれば，国籍に関係なく受験できます。受験資格は「学位要件」と「単位要件」の2つです。ざっくりいうと，「大学を卒業していること」と，「会計やビジネスの単位が一定数あること」です。

日本の大学の「学位」と「単位」でも認められますので，米国の大学を卒業している必要はありません。

また，会計学専攻ではなく会計やビジネスの単位が足りなくても，日本のUSCPA予備校を通して必要な単位が取れますので，単位を取るために米国もしくは日本の大学に入学しなおす必要はありません。

2　日本の公認会計士とどちらがおすすめ？

日本の公認会計士と米国の公認会計士であるUSCPA。どのような違いがあり，どちらの資格を取ったほうがよいのか，悩む方も多いでしょう。

試験の違いで考えると，USCPA試験は，自分で試験日が決められたり，一科目ずつ受験できたり，必要な勉強時間が短くてすむこともあり，合格しやすいといえるでしょう。合格しやすいとはいえ，USCPA試験は日本の公認会計士試験と同じように難関試験ですので，簡単そうだからという理由でUSCPAを選ぶのはやめたほうがよいです。

資格としてできることの違いで考えると，日本の公認会計士の場合は，日本国内で開業できること，そして，監査法人で監査報告書にサインできることがUSCPAとの主な違いでしょう。日本で開業をしたいということではなければ，USCPAという資格の制限についてはそこまで気にしなくてよいかと思います。

どちらの資格を取るとよいのかという点では，今後どのようなキャリアを築きたいのかで変わってきます。ただ，個人的には，大学生には日本の公認会計士，社会人にはUSCPAがおすすめです。

大学生は，日本の公認会計士試験の勉強を通して会計の基礎知識をしっかりと身につけ，監査法人で実務経験を積み，公認会計士登録をしてから転職や独立すること，そして，社会人は，USCPAという資格で箔をつけて転職し，キャリアアップやキャリアチェンジしていくことが資格を活かしやすい道だと考えています。

3 簿記検定を受けてから勉強を始めたほうがいい？

日本のUSCPA受験生の約半分は，簿記検定を受けたことがなく，かつ，会計や経理などの実務経験のない会計初心者だそうです。そのようなこともあり，USCPA予備校ではUSCPAの本講座から始まるのではなく，英文会計の基礎講座が用意されていますので，会計初心者でも無理なくUSCPAの学習に取りかかれます。

わざわざ簿記検定の勉強をして回り道しなくても，直接USCPAの勉強を始めてしまってよいと思います。個人的には，日本の簿記は苦手ですが，英文会計は得意なので，私と同じタイプの人は，日本の簿記を勉強すると会計への苦手意識が強くなり，逆効果になる可能性すらあります。

とはいえ，USCPA合格後に会計関係の仕事に転職したい場合は，簿記検定2級まであらかじめ取っておいてもよいでしょう。というのは，会計界隈では，簿記検定2級は当然持っていることが想定される資格だからです。みんなが持っている簿記検定2級がないのにUSCPA資格だけ持っているよりは，簿記検定2級に加えて他の人がなかなか持っていないUSCPA資格を持っているほうが，高い評価が得られるでしょう。

会計関係の仕事に転職しないけれど，簿記検定の勉強をしておきたい場合は，市販の簿記検定のテキストを読んで論点を理解し，テキストに載っている例題が解けるようになっておけば十分で，簿記検定を実際に受ける必要まではないでしょう。簿記検定とUSCPA試験の出題傾向は違うため，簿記検定の試験対策に時間をかけるのでしたら，早くUSCPAの勉強を始めたほうがよいと思います。

4　英語力を上げてから勉強を始めたほうがいい？

「USCPA 試験に合格できる人は，英語がものすごくできる人なのではないか」「自分でも英語の問題が解けるのか」と英語力に不安を抱く人が多いです。

英語が得意か苦手かを TOEIC®のスコアで判断しているとしたら，それは USCPA 試験とは直接的には関係ありません。USCPA 試験ではリスニングや文法・語彙問題などは出題されません。

USCPA 試験は，「会計がわかっているかが試される」のであり，「英語力があるかが試される」わけではありません。USCPA 試験で求められる英語力は，問題文で問われている内容や解答に必要な情報を短時間で読み解けることです。

ちなみに，2024年１月からの新試験制度からは WC 問題という記述式の出題がなく，英文ビジネス文書が書ける必要もありません。日本人の USCPA 受験生の中には，英文を読むのは支障がなくても，英文を書くのは苦手な人が多いため，この変更は朗報でしょう。

USCPA 試験で使われている英語は比較的シンプルで，専門用語以外は難しい単語が出てきたり，難解な文法が使われることがないため，高い英語力は必要ではありません。問題が解けない場合，英語力のせいではなく，会計の知識が足りないだけのことが多いです。

少なくとも，大学受験の英語試験が突破できたのであれば，USCPA の勉強をするのには十分な英語力だと思います。単なる目安ですが，高校卒業程度，つまり英検２級レベルであれば心配はいらないでしょう。

USCPA の勉強をしていれば徐々に英語力が上がってきますので，USCPA の勉強を始める前にわざわざ英語力を上げる必要はないでしょう。USCPA の勉強を早く始め，会計英語に慣れ，英語力を磨いていくのが合格への近道です。

5 USCPA資格があれば未経験でも転職できる？

資格は，大きく分けると３つに分類できます。「国家資格」「公的資格」「民間資格」の３つです。

「国家資格」は，法律に基づいて国家試験が行われ，高い難易度の試験に合格する必要があります。公認会計士，税理士，弁護士などが該当します。このような資格は「食いっぱぐれないステータス」といえるでしょう。

「公的資格」は，所轄官庁が資格制度を認定し，商工会議所や社団法人・財団法人などが試験の基準を設けて試験が行われます。簿記検定や英語検定などが該当します。このような資格はスキルの程度を判定するものですので「スキルの目印」と解釈するとよいでしょう。

「民間資格」は，民間の団体が独自に設定している資格です。証券アナリストやワインソムリエなどがあり，ある程度権威のあるものから，あまり知られていないものまでピンキリです。このような資格は「趣味」・「自己啓発」と捉えるとよいでしょう。

USCPA資格は米国においては「国家資格」の扱いですが，日本においては「公的資格」の扱いでしょう。つまり，「スキルの目印」となる資格で，持っていれば「飯が食える」といった類の資格ではありません。

転職は「経験×年齢×資格」で考える必要があると思います。実務経験がゼロであったり年齢が高い場合は，どんなに難しい資格を持っていても転職で評価されるとは限りません。

USCPA資格というのは，「スキルの目印」ということもあり，実務経験がなかったり，年齢が高いといったマイナスのハンデをカバーできると過度に期待しないほうがよいです。

3 要チェック！ USCPAを受けるか再考の余地あり？

残念なことに，USCPAにチャレンジしたことを後悔する人が一定数います。あとからもう少し考えておけばよかったと思わないようにしたいですね。どんな人が後悔することになる可能性があるのか，自分には当てはまらないか確認してみましょう。

USCPAを受けるか再考の余地がある人

❶ USCPAを武器に就活したい大学生
❷ 予備校代を払ったら貯金が0（ゼロ）になってしまう人
❸ 会計関連の実務経験がない30代以上の社会人
❹ コンスタントに勉強時間が確保できない人
❺ 1日20分の勉強で合格できると思っている人
❻ 英語が得意だからUSCPAに興味をもった人

1 USCPAを武器に就活したい大学生

USCPA資格があったら，就活でライバルに大きな差がつけられると考え，USCPAの勉強を始める大学生がいます。

ですが，就活が始まるまでにUSCPA試験に合格できるとは限らず，就活とUSCPAの勉強が同時進行となり，どちらを優先させたらよいか悩んでしまう場合も少なくありません。

就活までに合格できればよいのですが，なかなか合格できないと，USCPAが武器どころか就活の邪魔になってしまい「本末転倒」となる可能性があります。

2 予備校代を払ったら貯金が0(ゼロ)になってしまう人

USCPAに合格するまでに，どのくらいの費用がかかるかご存知でしょうか？　ざっと100万円くらいはかかると思ったほうがよいです。このうち，一番大きいのがUSCPA予備校に支払う受講料や単位取得料です。

USCPAの場合，必要単位を取得するために，ほとんどの方が独学ではなくUSCPA予備校を利用することになります。よって，独学にしてUSCPA予備校代を浮かせるという選択肢は，現実的ではありません。

USCPA予備校によって支払う額の差は多少ありますが，大金が必要なことには変わりなく，特に大学生や新卒から数年の方の場合は，USCPA予備校への支払いを済ませると貯金がごっそりなくなってしまうかもしれません。

ここで注意なのが，USCPA予備校への支払いはローンが使えますが，USCPA受験料はローンが使えないことです。受験料は4科目ストレート（1回ずつの受験）で合格したとしても，約3,000ドルかかります（日本の試験会場で受験する場合）。

勉強は順調だけど受験料が支払えないとなると，お金が貯まるまで受験を待たなくてはなりません。

3 会計関連の実務経験がない30代以上の社会人

猛勉強の甲斐があってUSCPA試験に合格。USCPA資格を武器に張り切って転職活動を始めたけれど，内定が出なかったり，内定が出ても給料が今より低くなってしまった。こんなことも「未経験かつ30代以上」の社会人の場合はあり得ます。

USCPA資格は転職で強い武器になってくれますが，それはあくまでも実務経験があるか若手の社会人の場合でしょう。実務経験があれば30代以上でも好待遇で採用されますし，実務経験がなくても20代ならばポテンシャル採用してもらえます。

ところが，実務経験がない30代以上になると，USCPAという資格よりも実務経験やマネジメント力が重要視され，USCPA資格があっても自分が望む転職に結びつかない可能性が高まります。

4　コンスタントに勉強時間が確保できない人

USCPA試験の出題範囲は，思った以上に広いです。出題範囲が広いので，どんどん勉強を進めないと，「覚えたもの ＜ 忘れたもの」になってしまいます。

人によって必要な勉強時間は違うのですが，１年くらいはコンスタントに週20時間くらい（つまり，20時間／週×約50週＝約1,000時間）の勉強時間を確保する必要があるでしょう。

週20時間くらいの勉強時間が取れるようにしないと，覚えては忘れてを繰り返し，USCPAの勉強を何年も続けることになり，いつまでも合格できないということになりかねません。

5　１日20分の勉強で合格できると思っている人

USCPA試験は簡単と聞き毎日20分くらいの勉強でラクラク合格できると思っているなら，それは誤解です。USCPA試験は，決して難解ではありませんが，簡単というわけではないからです。

米国では，USCPA試験は，大学や大学院で会計学の勉強をしてきた人や，既に会計や監査の実務を積んでいる人が受験しています。USCPAの合格率は50％近くと高いのですが，それは試験が簡単だからではなく，そもそも受験生のレベルが高いからだと考えられます。

また，英語で出題されますので，英語がネイティブではない日本人にとっては，さらにハードルが高くなります。

せっかく勉強を始めても，いろいろな理由で合格前に勉強をやめてしまう人が多いため，受験者の中の合格者の率が高くても，勉強を始めた人まで分母を広げると，合格者の率はかなり低くなるでしょう。片手間にちょっと勉強すればよいくらいかと甘く考えると，勉強を始めてから後悔することになります。

6 英語が得意だからUSCPAに興味をもった人

USCPA試験は，英語で出題されるとはいえ会計の試験であって，英語の試験ではありません。会計には興味がないけれど，英語が得意だからといった理由で，英語の勉強や習いごとの延長のような気分で受験を決めてしまうと，会計の勉強がおもしろくなく勉強が続かないため合格できない可能性があります。

また，せっかく合格しても会計の仕事に興味がもてず，キャリアに結びつかないかもしれません。

「英語で会計の仕事がしたいので，今は英語はそこまで得意ではないけれどUSCPAを取りたい」ならわかりますが，「英語が得意なので，会計には興味がないけれどUSCPAを取りたい」という人には，おすすめできません。

4 合格前に挫折…。USCPAの勉強をやめた理由は？

なかなかスポットライトが当たらないのですが，せっかくUSCPAの勉強を始めたのに，合格前に撤退してしまった人も多いです。具体的にどのような理由でやめてしまったのかご紹介しますので，USCPAにチャレンジするか決断するための判断材料にしてください。

USCPAの勉強をやめてしまった人の挫折した理由

❶ 英語での会計の勉強が合わなかったから
❷ 勉強期間が長期化してしまったから
❸ 受験料の負担が重くなってしまったから
❹ 途中で家族の理解が得られなくなったから

1 英語での会計の勉強が合わなかったから

思った以上にUSCPAの勉強や試験の出題形式が自分に合わなくて，USCPAの勉強をやめてしまったというパターンです。

簿記検定１級を持っているような会計が得意なタイプでも，USCPAの英文会計の勉強は苦痛だったという場合や，TOEIC®のスコアが高くて英語は得意なのに，USCPA試験の会計英語を読むのは苦手だったという場合があります。

英文会計の勉強が苦痛ではないか，会計英語を読むのが苦手ではないかについては，USCPAの勉強を始める前に英文会計の本を読んでみて，「会計×英語」の適性があるか試してみるとよいでしょう。

2 勉強期間が長期化してしまったから

USCPA の勉強を長く続けているうちに，仕事が忙しくなり勉強時間が確保できなくなったり，勉強を続けるモチベーションが保てなくなってしまったというパターンです。

２年，３年と勉強期間が長期化してしまうと，仕事やプライベートも状況が変化していきますし，勉強を続けるのが体力的につらくなったり，本当に合格できるのか不安になったり，何のために勉強しているのか目的を見失ったりします。

また，毎年何らかの試験内容の変更がありますし，数年周期で大きな試験制度の変更がありますので，変更を何年分も追うのは多大な労力がかかり心が折れます。

会計知識や実務経験があったり，英語が得意であっても，勉強スタイルによっては勉強が長期化してしまいます。なるべく短期合格できるような勉強スタイルを取ることが大事でしょう。

3 受験料の負担が重くなってしまったから

USCPA 試験の受験料は，１科目あたり700ドル以上（日本で受験する場合）と高額なため，不合格で何度も受験料を支払うと大きな負担になり，勉強をやめざるを得なくなったというパターンです。

不合格でも再受験しやすいのはメリットでもあり，デメリットでもあるでしょう。惜しい点数で不合格になった場合は，少し勉強してすぐに再受験する受験生もいますが，またギリギリで不合格となり，再受験を繰り返すはめになることがあり得ます。

たとえ数点だけ合格点に足りなかったとしても，USCPA 試験の場合，合格と不合格の間の溝は大きいです。弱点をしっかり補強してから再受験に挑む必要があるでしょう。

4　途中で家族の理解が得られなくなったから

USCPAの勉強をすることについて，最初は賛成こそしていなくても反対はしていなかった家族から，「USCPAなんて取ってどうするのか？」などと反対されるようになり，USCPAの勉強が続けられなくなったというパターンです。

勉強が優先となり，家族との時間が十分に取れない期間が長くなったり，不合格が続き，受験料の負担が増えて家計を圧迫してくると，家族の中でUSCPAという資格のコスパに疑問が出てきてしまうということでしょう。

職場にはUSCPAの勉強をしていることをいわない場合はありますが，さすがに家族には話さないわけにはいかないため，「家族の理解」が合格の最大のポイントだったという声を合格者から聞きます。家族に感謝しながら，なるべく短期合格できるように勉強に努める必要があるでしょう。

USCPAのマイナス面は知っておくといいね。
知ってもなおUSCPAという資格が魅力的に感じるなら，勉強を始めた後に誰かからネガティブなことを言われたとしても，やる気をなくしたり，後悔することにはならないからね。

どこ

Column 1

なぜ USCPA 試験は簡単と思われる？

「USCPA 試験は短期間の勉強で合格できて簡単，一方，日本の公認会計士試験は長期間の勉強が必要で難しい」と多くの人が思っているでしょう。これは半分正解で，半分不正解です。USCPA 試験は合格しやすいのですが，簡単というわけではないからです。

1 USCPA 試験は合格しやすいのは事実

USCPA のほうが日本の公認会計士より合格しやすいといえますが，それは米国と日本の資格に対する考え方の違いから発生していると考えられます。

米国は自由競争を前提としており，資格を取得するのは比較的楽にし，取得後に有資格者同士で競争させます。一方，日本は過度な競争を避けるため，合格者の人数を制限し，資格を取得するのは難しくしています。

米国の場合は，資格取得後も競争が必要なため，合格時点では専門知識が不十分でも，競争する中で専門知識が身についていきます。そして，「勝ち組」が残り，「負け組」は消えていきます。

一方，日本の場合は，合格するまでに多くの時間がかかってしまいますが，合格時点ではある程度の専門知識が身についています。そして，資格さえ取れば「勝ち組」でその後は比較的安泰です。

つまり，USCPA は合格しやすく，公認会計士としてのスタート地点に立ちやすいのですが，生き残るために合格後にさらなる自己研鑽の努力が必要ということです。日本の公認会計士試験は「合格がゴール」，USCPA 試験は「合格がスタート」となるわけです。

2 とはいえ，USCPA 試験が簡単というわけではない

USCPA 試験はたしかに合格しやすいのですが，決して試験自体が簡単というわけではありません。合格率は50％近いのですが，これは「試験が簡単」ということを示しているのではなく，「試験対策が十分にできた人が多い」ということを示しています。

四半期ごとの試験科目別の合格率（Pass Rate）が公表されていますが，この合格率は，「受験生がどれだけ試験の準備ができていたか」を示します。合格率が高かったときは「試験が簡単だった」というわけではなく，「しっかりと準備をして試験に挑めた受験生が多かった」ということです。

米国の試験ですので米国の受験生が多く，米国の受験生がどれだけ試験の準備ができたかが特に反映されています（よって，米国の決算時期の忙しさなどに合わせて，合格率が季節変動します）。

この50％近い合格率は受験生全体のものであることにも注意が必要です。日本の受験生だけで考えると，英語で受験することもあり，合格率はもっと低くなります。

そもそも USCPA 試験は，受験できる人が限られています。特に米国では，基本的には４年制大学卒または大学院卒であり，会計学を専攻した人が受験生として想定されているでしょう。日本人の受験生も，現状に満足せず向上心のある，レベルの高い社会人が多いように思います。

一方，日本の公認会計士試験は，受験資格がなく，学歴に関係なく誰でも（極端にいえば高校生や中学生でも，ビジネスの素養が全くない人でも）受験可能です。受験生が限定されていないので，合格率が低くなっても不思議はありません。

USCPA 試験は受験する人のレベルがそもそも高く，レベルが高い人がしっかりと準備をしてから受けるので，合格率が高くなります。「合格率が高い＝試験が簡単」ということにはならないので，誤解しないようにしましょう。

何ができる？
USCPAという資格の活かし方

本章でお話しすること

「USCPAになりたい」と思っても，実際にUSCPAになったら何ができるのかわかるでしょうか？　なかなかイメージしにくいのではないでしょうか。

何ができるのかイメージしにくいのは，USCPAは米国の公認会計士ですが，米国の資格であることが理由ではなく，公認会計士自体が何ができるのかよくわからないからかもしれません。

ですので，USCPAに限らず，公認会計士という資格でできることを最初に確認してみましょう。それから，USCPAに限って，USCPAという資格ではできないことを日本の公認会計士と比較して見ていきましょう。

また，転職をする場合としない場合に分けて，USCPAという資格がどのように活かせるのか見てみましょう。

どこ

USCPAになりたかったら，何よりも公認会計士という仕事に興味がもてることが大事だと思うよ。
日本の公認会計士資格と比較するから，自分にとってUSCPA資格のほうが活かせる資格なのか考えてみてね。
転職するにしてもしないにしても，どのようにUSCPAという資格が活かせるのかここで考えてみてほしいよ。

1 公認会計士ができることを知りたい！

「公認会計士」と聞くと，どのようなイメージをもちますか？　日本では，「公認会計士」は「弁護士」や「医師」と並び三大国家資格の1つであり，会計資格の最高峰だということはご存知かと思います。

ですが，「弁護士」や「医師」と比較すると，「公認会計士」はイメージしにくいのではないでしょうか。法律や医療は映画やドラマでよく取り上げられますし，特に「医師」は一度くらいはお世話になったことがあるので，なんとなく仕事のイメージができるのではないでしょうか。

日本では，日常生活で「税理士」にお世話になる機会はもしかしたらあっても，「公認会計士」にお世話になるということはあまり考えられません。さらに「公認会計士」が主役の映画やドラマもほとんどないため，結局のところよくわからない職業になっているのではないかと思います。

ここでは，USCPAに限らず，「公認会計士」ができることについて理解を深めましょう。

公認会計士ができること

❶ 公認会計士という資格でできること。
❷ 日本でUSCPAができないこと。

1 公認会計士という資格でできること

公認会計士は，簡単にいってしまえば，監査・税務・会計の専門家です。公認会計士の業務は，監査・税務・会計をベースにした専門性と信頼性で成り立っています（ただし，日本の公認会計士は，税理士登録をしないと税務業務が行えません。後述するとおり，USCPA は税務業務を行えるため，本書では，それを前提にお話しします）。

公認会計士の業務内容を「外部にサービスを提供」するか，「内部でサービスを提供」するかで職域ごとに分けると，以下のようになります。

■公認会計士の業務内容■

職域	外部にサービス提供	内部でサービス提供
監査	外部監査	内部監査
税務	税務代理 税務書類の作成 税務相談	税務会計
経営	経営コンサルティング	経営企画 管理会計 財務計画
会計	会計アドバイザリー	財務会計 原価計算

職域は大きく分けると，監査，税務，経営，会計の４つとなります。

監査，税務相談，経営コンサルティング，会計アドバイザリーなどは「外部にサービスを提供」する業務，内部監査，経営企画，そのほかの会計業務は「内部でサービスを提供」する業務と考えるとシンプルだと思います。

「外部にサービスを提供」する場合は，監査法人・税理士法人・アドバイザリー会社・コンサルティング会社・個人事務所などで，「プロフェッショナル」としてクライアントにサービスを提供することが考えられます。

「内部でサービスを提供」する場合は，外資系企業や日系大手企業などの事業会社で，「企業内会計士」として勤務することが考えられます。

公認会計士ができることを大きくまとめると，監査業務，税務業務，コンサルティング・アドバイザリー業務，会計業務の4つと考えるとわかりやすいでしょう。

公認会計士の業務

❶ 監査業務：公認会計士の独占業務
❷ 税務業務：税理士（日本の場合）と公認会計士の独占業務
❸ コンサルティング・アドバイザリー業務
❹ 会計業務

① 監査業務

「監査業務」は公認会計士だけが行える独占業務で，弁護士や税理士であってもできません。監査というのは，外部の第三者として，企業の財務諸表の信頼性の程度について監査意見を述べることです。

監査業務

❶ 法定監査：法令などの規定で義務付けられている監査（主に金融商品取引法や会社法に基づく監査）
❷ 任意監査：法定監査以外の会社の財務諸表監査や特別目的の財務諸表監査

公認会計士は英語では「Certified Public Accountant」ですが，まさにPublic（公的）で社会的責任があり，監査意見に責任をもたなければいけません。特に米国では，監査済み財務諸表を利用する株主や債権者など（利害関係者といいます）が，誤った監査意見のせいで判断を間違え，損害を被った場合，監査人を訴えるというケースにも発展しています。

監査業務というのは，スムーズな経済活動を支える大事な業務です。会社の「成績表」である財務諸表が嘘（粉飾決算といいます）だと，お金を出すかどうかの判断根拠となる財務諸表が信用できないものとなり，銀行や投資家がお金を出さなくなります。そこで公認会計士が，会社の財務諸表が適正な「成績表」であることを独立した立場で保証するわけです。

監査では，時間も人員も限られていますので，監査基準に基づいて事前に計画を立案し，戦略的に監査手続きを実行します。監査手続きを終えると監査意見を表明することになります。

② 税務業務

「税務業務」も公認会計士が行う代表的な業務です。海外の多くの国では，税理士という資格自体が存在せず，公認会計士が税務業務を行うことになります。「税理士＝公認会計士」です。

米国にはEA（米国税理士）という資格がありますが，EAには税務業務の独占業務権限はありません。USCPAや米国弁護士なども，税理士登録の必要なく税務業務ができます。

日本は例外的な国で，税理士に税務の独占業務権限があります。ただし，日本の公認会計士は，税理士登録をして税理士会に入会すると税務業務ができますので，「公認会計士かつ税理士」となります。

日本の場合，公認会計士と税理士を大きく区別すると，公認会計士は，「大企業を相手に，第三者として監査業務を行うのがメイン」で，税理士は，「中小企業や個人を相手に，企業や個人の代理人として税務業務を行うのがメイン」と考えるとわかりやすいのではないでしょうか。

税務業務としては，大きくは次頁の３つに分けられます。

税務業務

❶ 税務代理：納税者に代わって，法人税や所得税などの申告や申請を税務署などに対して行うこと。

❷ 税務書類の作成：納税者に代わって，税務署に提出する書類を作成し，提出すること。

❸ 税務相談：税金の計算や税務上必要な手続きについてアドバイスをすること。

簡単にいうと，税務業務は，企業や個人が正しく税金を納税できるようにサポートすることです。具体的には，企業や個人が納めるべき税金の金額を計算し，税務署に提出する書類を作成し，代理で申請します。

また，さまざまな税金の相談に対して，法律に反すること（脱税となります）なく，節税のアドバイスもします。税務業務は，複雑な税務の規定を理解しているからできる，専門知識の必要な業務なのです。

米国には連邦税と州税がありますが，根拠となる税法や規則は頻繁に変更されるため，企業は社内で対応するのが難しく，USCPA に法人税申告書の作成を依頼します。

また，米国では日本と違って「年末調整」という仕組みがないため，給与所得者であっても自分で確定申告をする必要があります。よって，個人の確定申告のサポートも USCPA が行うことになります。

③　コンサルティング・アドバイザリー業務

「コンサルティング・アドバイザリー業務」は公認会計士が行うのが適している業務ですが，公認会計士という資格が絶対に必要というわけではありません。弁護士や税理士などもできますし，資格が何もなくても支障はありません。

日本では，中小企業診断士が経営コンサルタント的な役割を果たしますが，中小企業診断士にコンサルティング業務の独占業務権限はありません。

コンサルティングやアドバイザリーの業務内容は幅広いのですが，例として，公認会計士が関わりそうな業務を挙げると以下の表のようになります。

会計系・財務系・事業再生系・戦略系・IT 系などに分かれていますが，特に会計系は，公認会計士の専門知識が最も活かせる分野でしょう。

コンサルティング・アドバイザリー業務

❶ 経営戦略・経営計画の立案・策定
❷ M&A（合併と買収）実施支援
❸ マネジメントシステムの構築
❹ 決算の実施・連結決算の支援
❺ 原価計算・管理会計の導入
❻ 決算の早期化支援
❼ IFRS（国際財務報告基準）の導入
❽ IT システム（ERP など）の導入

④ 会計業務

「会計業務」も公認会計士という資格が絶対に必要というわけではありません。公認会計士という「資格」が評価されるというよりは，公認会計士の「専門知識」や難関試験を突破したという「能力」が高く評価されると考えたほうがよいでしょう。

事業会社で，公認会計士は「企業内スペシャリスト」として活躍します。

会計業務

❶ 財務会計（Financial Accounting）：取引の記帳，財務諸表の作成（企業外部への情報提供）
❷ 管理会計（Management Accounting）：利益計画，部門別損益などの分析（企業内部への情報提供）
❸ 原価計算（Cost Accounting）：製品の製造原価の計算
❹ 財務計画（Financial Planning）：資金調達や設備投資計画の作成
❺ 税務会計（Tax Accounting）：課税所得，納税申告書の計算

公認会計士は，外部の立場から，会社が作成した財務諸表の「監査人」となることがメインの業務ではありますが，会社に所属し，内部の立場で財務諸表の「作成者」となることもできるわけです。

公認会計士の2つの立場

❶ 会社外部から：財務諸表の「監査人」
❷ 会社内部にて：財務諸表の「作成者」

連結財務諸表の作成やIFRS（国際財務報告基準）の対応など，経理実務は高度化・複雑化しているので，専門知識のある公認会計士に対するニーズが高まっています。

経理・財務部門以外でも，内部監査部門で本社・支社・連結子会社などの監査を実施したり，経営企画部で財務戦略の策定をすることなども，公認会計士の業務として考えられます。

2 日本でUSCPAができないこと

USCPAは，米国の公認会計士資格です。よって，USCPAが日本で公認会計士として働く場合，日本の国家資格をもつ日本の公認会計士ができても，USCPAではできないことがあります。公認会計士の業務に関して，どの国でもその国独自の規定があり，一部の業務は，その国の公認会計士資格をもつ人の独占業務となっているためです。

日本で日本の公認会計士ができて，USCPAができないこととして，以下の2つをご説明します。

日本でUSCPAができないこと

❶ 監査報告書へのサイン
❷ 日本の税務業務

① USCPAは監査報告書へのサインができない

監査は，複数の監査実施者によりチームで行われ，チームは監査責任者と監査補助者で構成されます。

監査業務に従事する人（監査実施者）

❶ 監査責任者：監査報告書にサインする人
❷ 監査補助者：監査責任者を補助する人⇦公認会計士資格は不要

USCPAは，日本の監査法人では監査補助者として監査補助業務はできますが，監査責任者として監査報告書にサインはできません。といっても，監査報告書にサインをするのは，監査法人内で一番高いポジションのパートナーであり，監査報告書にサインできるようなポジションまで出世しない限りは，サインができないことによる制約を感じることはないと思います。

ちなみに，監査法人内では，各法人で多少呼び方は違いますが，大きくはスタッフ・マネージャー・パートナーの3つに分かれており，以下のように昇進していきます。

監査法人の職位（ポジション）

スタッフ⇨シニアスタッフ⇨マネージャー⇨シニアマネージャー⇨パートナー

パートナーは監査法人への出資者（「社員」といいます）で，経営者でもあり，監査意見の責任者です。

監査補助者というのは，「監査報告書にサインする監査責任者以外」を指しますので，パートナーより下の「職員」のことです。日本の公認会計士の資格は不要ですので，USCPAではなくてもかまいませんし，極論では何も資格がなくてもかまいません。

監査補助業務というと，たとえばクライアント企業に行き（往査といいます），クライアントから監査に必要な証憑（しょうひょう）（PBC；Prepared By Client）をもらったり，クライアントに質問したりすることで，監査意見を出すために必要な証拠を集め，その証拠を基に監査調書を作成することがあります。

監査責任者は，監査補助者が作成した監査調書を読み，それに基づいて監査報告書で監査意見を表明し，サインをするわけです。監査の大部分の手続きは，監査補助者が行うので，USCPAは監査補助業務しかできなくても，監査法人で活躍できないということにはならないでしょう。

結局のところ，日本の監査法人が公認会計士試験の合格者しか基本的には採用しないのは，公認会計士資格が必要だからではなく，公認会計士試験にしか外部監査の知識を問う試験科目が含まれないからではないでしょうか。

つまり，日本の公認会計士ではなくUSCPAでも採用するのは，米国でもよいから公認会計士資格がないと監査補助業務ができないからではなく，USCPA試験にも外部監査の知識を問う試験科目があるので，USCPA合格者なら監査補助者の業務をするための知識があると考えられるからでしょう。

日本の監査法人では，USCPAを積極的に採用しています。私が以前所属していた大手監査法人の国際部でも，USCPAと日本の公認会計士がちょうど半分ずつ所属し，USCPAも日本の公認会計士と同じように監査補助業務をこなしていました。

監査補助者には，他の国の公認会計士もいましたし，日本の公認会計士試験勉強中の方もいました。そもそも，日本の公認会計士試験合格者も，公認会計士の登録をするまでは公認会計士ではありませんので，日本の公認会計士ではないのに監査補助をしているという点では同じでしょう。

② USCPAは日本の税務業務ができない

税務業務については，日本では税理士の独占業務ですが，日本の公認会計士は，税理士登録をすれば税務業務ができます。

一方，USCPAは米国の税務業務はできても，日本の税務業務はできません。申告書へサインをしたり，税務調査に立ち会うことはできません。

USCPAが日本でできることは，税務補助，米国企業の日本進出に伴う税務コンサルティング，米国税法に基づいた納税申告などがメインになるでしょう。

公認会計士の業務は独占業務以外にも幅広いですし，日本人のUSCPAが日本で働く際のキャリアの選択肢は狭くなりませんが，USCPAは日本の資格ではないので，日本の公認会計士とは区別されることはあらかじめ知っておいたほうがよいと思います。

2 転職してUSCPAを活かす

USCPAという資格を武器に，USCPA試験合格後すぐ，もしくは，合格後しばらくしてから転職する人が多いです。

USCPA資格を取る目的がキャリアアップ・キャリアチェンジすることという場合は，合格後すぐ（もしかしたら合格前から）転職活動に入るでしょう。将来的に転職することを見込んでUSCPA資格を取ることにしたという場合は，転職準備だけでも始めるかもしれません。

USCPAに興味をもつ人は，自分の専門性を磨いていきたいという人が大半だと思います。資格を取り，経験を積み重ね，必要ならば転職して，自分の目指す目標に向かって精進しようとしているでしょう。

USCPA試験合格後に転職をする場合，USCPA資格を活かしてどのようなキャリアが選べるのか考えてみましょう。キャリアには絶対の正解はないので，こちらでご紹介することは，ご自分のキャリアを考えるための材料の1つと考えていただければと思います。

転職してUSCPAを活かす場合

❶「プロフェッショナル」か「企業内スペシャリスト」か？
❷「日本」か「海外」か？
❸「日本」では「年齢」が重要。

1 「プロフェッショナル」になるか「企業内スペシャリスト」になるか？

USCPAのキャリアパスは，大きく分けると「プロフェッショナル」になるか「企業内スペシャリスト」になるか2つあります。

USCPAのキャリアパスの選択

「プロフェッショナル」 or 「企業内スペシャリスト」

「プロフェッショナル」になった場合は，クライアントのために監査・税務・コンサルティングなどのサービスを提供することになります。一方で，「企業内スペシャリスト」になった場合は，経理部や財務部，内部監査部，経営企画部などのバックオフィス（管理部門）に所属し，マネジメントに情報を提供したり，フロントオフィスのサポートをすることになります。

USCPAとしてどちらのキャリアパスを選ぶかについてですが，個人的には合格後すぐのファーストキャリアは「プロフェッショナル」を選び，それから「企業内スペシャリスト」に転身するのがよいと思っています。

なぜなら，「プロフェッショナル」から「企業内スペシャリスト」に転職する場合は，「プロフェッショナル」としての経験が高く評価されますが，「企業内スペシャリスト」から「プロフェッショナル」に転職する場合は，どんなに「企業内スペシャリスト」としての経験があっても，新人として扱われ，給料やポジションが一番下からスタートしてしまうからです。

キャリアの順番は大事！

「プロフェッショナル」→「企業内スペシャリスト」：給料アップ

「企業内スペシャリスト」→「プロフェッショナル」：給料ダウンかも？

私の場合は，USCPA合格前は米国企業の経理として働いていましたが，USCPA合格を機に，大手監査法人の監査の「プロフェッショナル」に転職しました。経理の経験は監査をする上でかなり役に立ちましたし，評価もしていただけましたが，監査法人では経理の経験があっても一番下のスタッフからのスタートになってしまいますので，給料もそのポジションに見合ったものになりました。

監査法人内で「プロフェッショナル」として鍛えられ，その後「企業内スペシャリスト」に転職しました。そのときは前職が「プロフェッショナル」であったことがかなり優遇され，最初から企業内で上のポジションにしてもらえ，給料もそのポジションに見合ったものにアップしました。

「プロフェッショナル」と「企業内スペシャリスト」のどちらが合うかは人によって違うので，業務内容を比較して自分の関心があるほうを選んだり，転職のタイミングが合うほうを選んだりしていただければと思います。

私の場合は，「企業内スペシャリスト」のほうが合っているようです。「プロフェッショナル」としては監査をしていたことが関係していますが，監査はやりがいはあっても，クライアントに喜ばれる類の仕事ではなかったからです。一方で，「企業内スペシャリスト」の場合は，頑張るほど社内の人に感謝され，会社に貢献できているという喜びがあります。

結果的に「プロフェッショナル」と「企業内スペシャリスト」のどちらも体験したので自分の働き方の好みがわかりました。どちらが合うかわからない場合は，せっかくUSCPA資格を取ったのならば，最初に一度「プロフェッショナル」としての働き方をしてもよいのではないでしょうか。

2 「日本」で働くか「海外」で働くか？

USCPAのキャリアは「プロフェッショナル」になるか「企業内スペシャリスト」になるのか大きくは2つの道がありますが，それぞれ「日本」で働くという道もありますし，米国を含めた「海外」で働くという道もあります。

会計事務所などで「プロフェッショナル」として働く場合，日本では日本に進出している外資系企業を相手にすることが多くなり，海外ではその国に進出している日本企業を相手にすることが多いでしょう。つまり，日本でも海外でも，クライアントは「その国にとっての外国企業」になると考えるとよいでしょう。

同様に，事業会社で「企業内スペシャリスト」として働く場合も，日本では外資系企業，海外では日本企業で採用される場合が多いです。海外で日本人を採用する理由があるのは日本企業ですので，日本人の多くは海外では日本企業で働くことになります。

日本では英語ができ，日本以外の会計基準が理解でき，外資系企業の相手ができるのがウリですが，海外では日本人として日本のビジネスがわかり，日本の会計基準が理解でき，日本企業の相手ができるのがウリになるわけです。日本と海外では，求められるものが逆になります。

「日本」と「海外」では求められるものが逆！

「日本」で：英語ができて外資系企業の相手ができるのがウリ

「海外」で：日本のことがわかって日本企業の相手ができるのがウリ

よって，海外で働きたいという場合に，USCPA資格を取れば大丈夫かというと，そういうわけでもないのです。むしろ，海外にいたほうが，日本の会計基準や税法の知識，日本のビジネス慣行の理解が頼りにされますし，「自分が日本人であること」を認識させられることになります。

海外で会計の仕事をしていた経験から正直にいうと，海外では「英語が多少できる日本の公認会計士」のほうがUSCPAよりずっと頼りになります。USCPAは英語ができても，日本の会計基準がわからないので，何か相談してもとっさにアドバイスができていないことが多かったからです。

「海外」にいるのに一緒に働くのが日本人ばかりという場合がありますし，現地の人と日本人の間のコーディネーター業務など泥臭いことをしないといけない場合もありますので，「海外」で働くのは，思ったよりグローバルではなく，カッコいい働き方でもないかもしれません。

「日本」の外資系企業などで働いたほうが，外国人と働いたり，海外出張の機会が多かったりと，グローバルで，イメージ通りのカッコいい働き方ができるという場合もあり得ますので，そのことを念頭に置いておくとギャップが少ないかもしれません。

3 日本での転職では「年齢」が重要視される

USCPAという資格は，日本においては「国家資格」ではなく「公的資格」に近い扱いなので，日本国内で働く場合，USCPAという「資格」があれば，どんな人でも転職に成功するというわけではありません。

日本では海外に比べて「年齢」が重要視されることもあり，経理職や財務職では，一番重要視されるのが「年齢」，次に「経験」，最後に「資格」という実感があります。「資格」はおまけに近いと思います。

日本での中途採用で重要視されるもの

年齢＞経験＞＞＞資格

「年齢」が高くても立派な「経験」があれば採用されますが，「経験」がなく30代の場合は，「資格」があっても採用される可能性が低くなります。日本の場合は「年功序列」が色濃く残っており，事業会社（特に日本企業）では，未経験だからといってその人より若い人の下につけるのは難しいからです。

USCPA資格を取って事業会社でキャリアチェンジをするのであれば，できれば20代，どんなに遅くても35歳までに転職するのが目安でしょう。

同様に，監査法人への転職も，20代で転職するのがおすすめです。一番の理由としては，前述のとおり，たとえ経験があっても新人として一番下のポジションになり，給料が下がってしまうからです。また，日本の公認会計士は基本的に新卒20代で入所してくるので，あまりにも自分の年齢が高いと，他のメンバーとの年齢差を感じるというのもありますし，体力が必要なので若くないと体がきついというのもあります。

私が勤務していた大手監査法人では，国際部だけかもしれませんが，20代のUSCPAしか採用しないことになっていました。たとえこのように公言していなくても，年齢の高いUSCPAと若いUSCPAが応募してきたら，若い人のほうが採用されやすいのではないかと思います。

キャリアチェンジでUSCPA資格が活かせる年齢

事業会社（日本企業）：遅くても35歳まで

監査法人（会計監査職）：20代

海外の大手監査法人だと，年齢制限については聞きません。特に米国では，そもそも求職者に年齢を聞くのは法律で禁じられています。また，たとえ一番下のポジションになったとしても，経験が考慮されて給料は優遇されることがあるそうですし，能力次第で昇進が早くなることもあるそうです。実務経験がある場合，英語力があって，能力に自信があれば，日本ではなく海外の大手監査法人を選ぶのも手かと思います。

コンサルタントに関しては，少し事情が変わり，「経験」が重要視され，「年齢」はそこまで重要視されなくなるようです。コンサルタントは，自分の知識や経験を基にクライアントが必要なことに応えていくのが仕事であり，専門的な知識や経験がないと，サービス提供が難しいです。よって，事業会社や監査法人などで経験を積んでからコンサルタントに転職するので，年齢が高くても年齢に見合った実務経験があれば採用されることになります。

3 転職しなくてもUSCPAは活かせる

USCPAの特徴として，社会人が多く受験することが挙げられます。日本の公認会計士は，受験生の大半が学生なので大きく異なります。

USCPAの場合は，合格時点で既に何らかの仕事をしていることになりますが，合格後すぐに転職する人は半分程度で，残りの半分はそのまま現職に留まることになるそうです。日本の公認会計士の場合は，合格者の大半がまず大手監査法人に就職しますので，この点も大きく異なります。

USCPAについては，転職をしなくても，現職で活かしていくという人も多いので，転職をしない場合の活かし方についても見ておきましょう。

■転職せずUSCPAを活かす場合■

❶ 社内での業務に「知識」を活かす。

❷ 社内でのキャリアアップに「資格」を活かす。

1 試験勉強で身につけた知識を業務に活かす

転職をしなくても，社内での業務にUSCPAの「知識」を活かすことが考えられます。

USCPAの勉強をしていることを会社の誰にも話さず，合格後も合格したことをいわない人も一定数はいるそうです。USCPA試験の勉強で身につけた知識で，できることの幅が広がったり，やっていることの質が上がったりするので，USCPA資格が評価されるのではなく，自分自身の能力が評価されて昇進につながるということがあり得ます。

ただ，この場合は，USCPAの知識がある程度活かせる仕事をしていない限り，業務の改善が見えにくく，必ずしも評価につながるとは限りません。評価してもらい，自分のキャリアにプラスにならないと，USCPA資格は時間とお金をかけ教養を増やしただけの高い「趣味」・「自己啓発」になってしまう可能性があります。

2　昇進，部署異動，海外駐在の機会を得る

転職せず，社内でのキャリアアップにUSCPAの「資格」を活かすことも考えられます。

USCPAという資格自体が，昇進や他の部署への異動の要件になっており，必要に迫られてUSCPAの勉強を始めるということがあります。特に，外資系企業の経理部の場合は，USCPA資格を持っていることがマネージャーに昇格する条件となっており，働き続けるためにはUSCPA資格を取らざるを得ないことがあります。

たとえUSCPA資格が絶対に必要というわけではない場合でも，英語でビジネスがわかることや，高い専門知識があることが必須となる部署に異動したい場合に，USCPA資格があると希望がかなえられやすくなるでしょう。

また，USCPA資格がある人が優先して海外に派遣されるということもあります。USCPA資格があれば意欲が評価され，さらに，就労ビザが取りやすいということもあり，若いうちに海外駐在の椅子が巡ってくるということも十分にあり得るでしょう。

Column 2

USCPAとして大手監査法人で働いてみた！

大手監査法人で，USCPAとして会計監査を担当していたときの経験をご紹介します。

1 USCPAでも，日本の公認会計士にバカにされないのか？

USCPAは日本の公認会計士より会計の知識という点で劣るので，監査法人で働いていて，バカにされなかったのかというご質問を受けますが，そのようなことはありませんでした。USCPAと日本の公認会計士はそれぞれの得意分野を活かし，お互い尊重し合っていました。

USCPAが監査法人で採用されるのは，人手不足解消のためではなく，監査法人にはいろいろな個性が必要だからだと思います。USCPAは英語ができるだけではなく，既に何らかの社会人経験があるので，ビジネスや業界を理解しており，クライアントとのコミュニケーションに長けている人が多かったです。

監査というのは英語で「audit」ですが,「audit」の語源はラテン語の「auditus」に由来し，audience（聴衆）やaudio（オーディオ）などと同じです。

監査で大事なのは，クライアントのいうことをよく「聴く」こと，つまり，クライアントの話を聴きながら，よい関係を築き，気持ちよく協力してもらい，情報を引き出すことだと感じていました。

USCPAは，会計の知識が足りなくても，それをばん回できる「聴く」スキルがある人が多かったように思います。

2 勉強が必要なのは，日本の公認会計士もUSCPAも同じ

USCPAだけではなく，日本の公認会計士も，監査法人入所後も勉強を続ける必要があります。日本の公認会計士試験に合格したからといって，業務で必要な知識が網羅できているわけではありません。必要な知識を適宜身につけていく必要があるのは，USCPAも日本の公認会計士も同じです。

ただし，USCPAは米国の会計基準を勉強していますので，日本の公認会計士よりも日本の会計基準や税法について勉強する努力が必要ですし，経理経験がない場合は，USCPAの試験対策だけでは仕訳を切った経験が十分とはいえないので，仕訳を切る練習をしたほうがよいと思います。

3 USCPAだからこそ，むしろ監査でバリューが出せる？

USCPAの場合は，英語力が必要となるクライアントを担当することになるのがほとんどなのではないでしょうか。私が配属されたのも国際部で，クライアントはほぼ外資系企業でした。このような英語が活かせる環境だと，評価の高さは以下のようになります。

日本の公認会計士 （英語ができる）	=	USCPA （英語ができる）	>	日本の公認会計士 （英語ができない）	>	USCPA （英語ができない）

そして，日本の公認会計士試験よりUSCPA試験のほうが実践的な問題が出題されるせいか，監査手続きの要点を把握したり，監査資料を読んでポイントをつかむのは得意で，同期の日本の公認会計士より，監査実務で困ることが少なかった気がします。

USCPA合格後まずは監査法人に入所することをおすすめしたいです。監査業務で得た知識は，その後どこで働いても役に立ちますし，「USCPA×監査実務経験」は転職市場で高く評価されます。

こんな活躍ができる！
USCPAのキャリアパス

本章でお話しすること

USCPAという資格がどのように活かせるかイメージはできたでしょうか？　ここからは，USCPAだと具体的にどのようなキャリアが築けるのか見ていきましょう。

USCPAは，日本の公認会計士ほどには会計に特化したキャリアの道を歩むわけではありません。USCPAになったらどのようなキャリアの選択肢があるのか，幅広く考えてみるとよいでしょう。

USCPAのキャリアパスについて，「プロフェッショナル」としてのキャリア，「企業内スペシャリスト」としてのキャリアに分け，さらに海外で働く場合について具体的にご説明していきます。

海外で働く場合については，「海外駐在」と「現地採用」に分けてご説明しています。USCPAが日本人として海外で働く場合，どのような点を考慮するとよいのかヒントをご紹介します。

資格というのは，自分の人生に役立てるために取るのだから，取ったあとのキャリアについてじっくり考える必要があるね。
「プロフェッショナル」か「企業内スペシャリスト」か，国内か海外か。
USCPAという資格で，自分が思い描くキャリアが実現できるかどうか具体的に考えてみてね。

1 クライアントに知識を提供する「プロフェッショナル」になる！

USCPAのキャリアパスとしては，クライアントに専門的な知識を提供して，その対価として報酬をもらうという「プロフェッショナル」になる道があります。「プロフェッショナル」になる場合は特に，クライアントにより多くの付加価値が提供できるように，USCPA試験の勉強で身につけた知識に加え，実務を通してさらなる知識やさまざまなスキルを身につけていく必要があります。

USCPAの「プロフェッショナル」としての業務は，大きく分けると監査業務，税務業務，コンサルティング・アドバイザリー業務ですので，それぞれについて見ていきます。

USCPAの「プロフェッショナル」としてのキャリアパス

❶ 監査法人で英語力を活かした監査
❷ 税理士法人で国際税務
❸ コンサルティング・アドバイザリー会社でクライアントのサポート

1 監査法人で英語力を活かして監査をする

監査法人というのは，企業の財務諸表が適正に作成されているかを監査する会計事務所のことです。監査法人は，大手監査法人と中小監査法人があります。大手監査法人は，世界の4大会計事務所のメンバーファームで，4大監査法人やBig 4などと呼ばれます。

4大監査法人と提携先

❶ EY新日本有限責任監査法人：EY（アーンスト・アンド・ヤング）
❷ 有限責任あずさ監査法人：KPMG（ケーピーエムジー）
❸ 有限責任監査法人トーマツ：DTT（デロイト トウシュ トーマツ）
❹ PwCあらた有限責任監査法人：PwC（プライスウォーターハウスクーパース）

日本の公認会計士の場合は，公認会計士試験に合格後，大部分が大手監査法人に就職します。USCPAも同じく，大手監査法人をUSCPA試験合格後のファーストキャリアに選ぶ人は多いです。

大手監査法人で働くメリットは，ネームバリューがあり，優秀な人材が集まっていること，グローバルな案件が揃っていること，世界の4大会計事務所の監査ツールが使えるため，最先端の監査手法が学べることなどが挙げられます。法人によってカラーが違うので，法人ごとの特徴を押さえ，自分に合った法人を選ぶとよいでしょう。

USCPAも日本の公認会計士も同じですが，試験に合格しただけでは一人前とはいえず，現場でさまざまな経験を積む必要があります。監査法人では，監査業務を通じて，公認会計士に必要な知識やスキルが身につけられます。いろいろなクライアントを担当し，財務諸表の読み取り方やビジネスの仕組みを理解し，わからないことがある度に調べて知識を身につけていくことで，公認会計士としてやっていく基礎ができます。

USCPAの場合は，監査法人に残って出世するよりは，3年ほど監査法人で働いてセカンドキャリアに進む人が多い印象です。監査法人を辞めても，監査業務を通して身につけた知識やスキルは他の道でもおおいに活かせ，監査法人で働いていたこと自体が箔となり，セカンドキャリアの幅が広がります。

USCPAとして監査法人で働いていた経験から，USCPAが監査法人で特に活躍できるのは，以下の2つの業務だと思いますので，ご紹介します。

■監査法人でUSCPAが特に活躍できる業務■

❶ 外資系企業の監査
❷ リファードワーク（Referred Work）

①　外資系企業の監査

外資系企業の監査の場合，クライアントは英語で帳簿を作成している場合が多いので，英語の勘定科目がわかり，英語の財務諸表が理解できるUSCPAは有利です。

また，米国企業や欧州の企業を多く担当するため，USGAAP（米国会計基準）やIFRS（国際財務報告基準）の知識が必要になります。よって，JGAAP（日本会計基準）しか勉強していない日本の公認会計士より，USCPAのほうが有利です。

USCPAは英語力があるといっても，人によって英語力のレベルはピンキリなので，それぞれの英語力に合ったクライアントにアサイン（割り当て）されていました。必要な英語スキルの目安は以下のようになります。

■外資系企業の監査で必要な英語スキル■

❶ クライアントが用意する証憑（しょうひょう）は英語なので，英文読解力は必須
❷ クライアントの経理担当者は，大抵は日本人だが，CFO（最高財務責任者）だけ外国人（Expat）ということが多いので，CFOインタビューは英会話力が必要
❸ 監査メンバーに1人でも日本語がわからない人がいる場合は，英語で監査調書を書くことになるので，英作文スキルが必要

英語力はあればあるほど重宝されますが，たとえば英会話がそれほど得意ではなくても，それだけで仕事を任せてもらえないということはないので，英語力に関してはそこまで心配する必要はないでしょう。

② リファードワーク（Referred Work）

リファードワークというのは，海外に本社がある企業の子会社が日本企業の場合，海外の提携事務所の監査人から，実施すべき手続きの指示書が送付されてきますので，指示に基づき手続きを実行し，報告する仕事です。海外の親会社の監査人の指示に基づいて行われる監査で，日本側の監査人は補助的な位置付けで，監査意見は出しません。

リファードワークでは，指示書は英語で書かれており，提携事務所の監査人とのやりとりも英語になり，報告書も英語で書くため，英語ができないと仕事になりません。英語力に自信があれば，リファードワークでもUSCPAとして活躍できるでしょう。

私の場合は，外資系企業の監査が90%，リファードワークが10%くらいで，リファードワークにはあまりアサインされませんでした。リファードワークは，手すきな時期に，突然1週間くらいアサインされるくらいでした。これは，私の英語力が足りなかったからなのか，他の外資系企業の監査で手一杯なことが多かったからなのかはわかりません。

また，外資系企業は，米国系が10%，欧州系が90%くらいで，監査法人で働き始めてから，国際財務報告基準（IFRS）の勉強に時間をかけることになりました。既に米国会計基準（USGAAP）の勉強をしていたので取り組みやすかったですし，英語で会計用語や文書が理解できるため自分で調べられますので，問題はなかったように思います。

2 大手税理士法人で国際税務に携わる

日本では税理士に税務業務の独占業務権限があり，税理士事務所が多くありますが，USCPAは日本の税務業務ができないということもあり，そのような個人の税理士事務所に転職することはあまり考えられないでしょう。

税理士法人には，大手税理士法人と中小税理士法人があり，中でも国際的な4大監査法人系の大手税理士法人が，USCPAの転職先の選択肢となるでしょう。

4大監査法人系の大手税理士法人

❶ EY税理士法人
❷ KPMG税理士法人
❸ デロイト トーマツ税理士法人
❹ PwC税理士法人

日本の公認会計士の場合は，公認会計士試験に合格した段階では税理士登録ができないため，基本的には最初は監査法人で働き，税理士登録をした後，系列の税理士法人に転籍または転職することになります。一方，USCPAの場合は，監査法人を経由せず，USCPA試験合格後のファーストキャリアに大手税理士法人を選ぶことがあり得ます。

大手税理士法人は，クライアントは日系の大手企業や外国企業で，連結や組織再編などの難解な税務や，国際税務を取り扱っています。日本企業に対しては，海外進出や海外でのM&A（合併・買収）の実施などで発生する国際税務の問題について，アドバイザリーを行います。そして，外国企業に対しては，日本で事業展開する上での日本の税制について，アドバイザリーを行います。日本の企業をM&Aする際の税務，日本子会社との移転価格税務などへのアドバイザリーも需要が多いようです。

税務申告書については，日本の大企業は社内で作成することが多く，また日本企業の米国子会社は米国側に依頼しますので，日本の税理士法人に作成を依頼することは少ないようです。ただし，アメリカ人の駐在員の米国の所得税申告書は，日本の税理士法人に作成を依頼することがあるようです。

USCPA の場合は，英語力が評価されますので，国際税務で活躍できます。また，米国の申告書の作成でも，税理士や日本の公認会計士より有利でしょう。ただし，日本の税理士法人で働く場合は，日本の税法の知識が必須です。日本の法人税法の勉強や，日本の税理士試験の受験も視野に入れる必要があるでしょう。

3 コンサルティング・アドバイザリー会社でクライアントをサポートする

コンサルティング・アドバイザリー業務は，クライアントの課題やニーズを把握し，解決策や改善案を提案し，実行することです。クライアントへの対応については，コンサルティング業務はどちらかというと狭く深く短期的，アドバイザリー業務は広く浅く長期的と考えるとシンプルでしょう。

コンサルティングは，グローバルに展開をしている欧米発のファームの知名度が高いです。たとえば，マッキンゼー・アンド・カンパニーやボストン コンサルティング グループ（BCG）などが有名です。

USCPA を比較的多く採用しているのは，国際的な 4 大監査法人系の経営コンサルティング会社でしょう。財務・会計・経営コンサルタント部門であれば，求める人材の資格に USCPA 資格が含まれていることがあります。

コンサルティングの分野は幅広いため，どの 4 大監査法人も，何社も各分野に特化したコンサルティング会社を抱えています。

4大監査法人系の経営コンサルティング会社の例

❶ EYストラテジー・アンド・コンサルティング株式会社
❷ KPMGコンサルティング株式会社
❸ デロイト トーマツ コンサルティング合同会社
❹ PwCコンサルティング合同会社

アドバイザリーについても，国際的な4大監査法人系の財務アドバイザリー会社が，USCPAの転職先の選択肢となるでしょう。

4大監査法人系の財務アドバイザリー会社の例

❶ 株式会社KPMG FAS
❷ デロイト トーマツ ファイナンシャルアドバイザリー合同会社
❸ PwCアドバイザリー合同会社

コンサルティング・アドバイザリー業務は，USCPAや日本の公認会計士という資格があればできるというわけではなく，試験に合格した時点では戦力にならないため，通常は監査法人などで経験を積み，実力をつけてから，コンサルティング会社やアドバイザリー会社に転職することになります。

コンサルティング会社やアドバイザリー会社では，クライアントに価値が提供できるかが大切で，結果を出せなかったら辞めることになります。その代わり，生き残れた場合は高収入が得られるので，実力で勝負したいUSCPAには人気があります。

専門知識だけではなく，交渉力・プレゼンテーション能力・コミュニケーション能力・論理的思考能力・戦略立案力などさまざまなスキルが必要となります。USCPAという資格があるかよりも，経験・能力が重要視されることを念頭に置く必要があるでしょう。

2 事業会社のバックオフィスで「企業内スペシャリスト」になる！

USCPAのキャリアパスとしては，事業会社内のバックオフィスで，会社のために専門知識を活かす「企業内スペシャリスト」になる道もあります。

USCPAは，会計・税務・監査・経営などの幅広い知識を持っていることから，経理部・財務部・内部監査部・経営企画部などで「スペシャリスト」として活躍できます。もちろん「ゼネラリスト」になる道もありますが，USCPAをわざわざ取るということは「スペシャリスト」を目指している場合が大半だと思いますので，ここでは「企業内スペシャリスト」の道についてお話しします。

USCPAの場合，何らかの仕事をしている社会人が受験することが多いため，USCPA試験合格時点で，既に事業会社で「企業内スペシャリスト」として働いている場合もあります。USCPA試験合格後，以下のようなキャリアアップ・キャリアチェンジが考えられるでしょう。

USCPA合格後の事業会社でのキャリアアップ・キャリアチェンジ

❶ 日系企業の経理部・財務部から内部監査部・経営企画部へ部署異動
❷ 日系企業の営業部などから経理部・財務部・内部監査部・経営企画部へ部署異動
❸ 日系企業の経理部・財務部から外資系企業の経理部・財務部へ転職
❹ 外資系企業のアカウンタントからアカウンティングマネージャーへ昇進

海外との取引が全くない日系企業においては，USCPAという資格が全く活かせないというわけではないのですが，活かしにくくなります。また，USCPA資格を持っている人より，日本の公認会計士や簿記検定1級を持っている人のほうが採用される確率が高いでしょう。

よって，事業会社の中でも「外資系企業」と，海外との取引が多いであろう「日系大手企業」に採用される可能性が高いと思いますので，その2つに限ってご説明していくことにします。

USCPAの「企業内スペシャリスト」としてのキャリアパス

❶ 外資系企業で高く評価される
❷ 日系大手企業で頼りにされる

1 「会計×英語」が強み！ 外資系企業で高く評価される

会計の専門知識があり，かつ，英語ができる人材は少ないため，外資系企業でUSCPAは高く評価されます。USCPAを対象とした外資系企業の求人も多く見かけます。

USCPAであれば，外資系企業でマネージャーなどの管理職になることが可能です。また，経理や財務部門のトップであり，企業内会計士が就くには最高位と考えられるCFO（最高財務責任者）も目指せるでしょう。

外資系企業でUSCPAが特に活かせるのは，以下のような業務です。

外資系企業でUSCPAが特に活躍できる業務

❶ 英文経理（日次業務）
❷ 英文財務諸表の作成（月次・年次決算業務）とレポーティング

①　英文経理（日次業務）

USCPAの場合は，最初からマネージャーなどの高いポジションに就く可能性が高いので，英文経理の日次業務自体は任されないかもしれませんが，アカウンタントがやった日次業務の監督をする可能性は高いでしょう。

外資系企業の英文経理業務も日系企業の経理業務でも，日次業務に関してはやることは基本的に同じです。簿記の基本知識があり，エクセルが使えれば仕事自体はこなせます。違うのは，会計システムが英語表記である場合が多いので，英語で勘定科目がわかったり，英語で摘要（取引内容の要約）を入力できる必要があるといったことです。

外資系企業の日次業務については，「日系企業の経理業務の英語版」くらいの認識でよいかと思いますが，英文会計の知識が必要となりますので，USCPAの知識が活かせます。

②　英文財務諸表の作成（月次・年次決算業務）とレポーティング

USCPAがマネージャー以上のポジションで採用された場合は，月次決算業務や年次決算業務がメインになると思います。英文財務諸表を作成し，本国へレポーティングをするといった業務が考えられます。

外資系企業といっても，いくつかのタイプに分かれるのですが，USCPAが採用されるような場合は，外国企業が日本で設立した子会社である場合が多いようです。よって，子会社として親会社に決算報告をする必要があるでしょう。米国企業なら米国会計基準（USGAAP），欧州系の企業なら通常はIFRS（国際財務報告基準）に準拠して決算報告をします。

たとえば米国に親会社がある場合は，会計基準は米国会計基準（USGAAP）ですので，日本の会計基準（JGAAP）で作成した試算表を基にして，米国会計基準（USGAAP）に組替えるためのGAAP差異修正仕訳を入れ，米国会計基準（USGAAP）にコンバージョン（組替え）する必要があります。

法人税の計算には日本の会計基準（JGAAP）で作成した帳簿が必要となりますが，最初から米国基準（USGAAP）で作成し，税務申告のために日本の会計基準（JGAAP）にコンバージョンすることはあまりない印象です。

親会社が求める会計基準で決算報告をする必要がありますので，USCPAの勉強を通して身につけた日本以外の会計基準の知識やコンバージョンのスキルが役に立つでしょう。

その他にも，親会社の経理担当者から質問が来れば回答する必要がありますし，世界各国のアカウンティングマネージャー以上を対象とした会議などがあれば出席することにもなるでしょう。このような業務は全て英語ですので，USCPAとしての英語力が活かせることになります。

外資系企業の月次決算・年次決算業務では，高い会計知識と英語のスキル，日本と親会社の両方の会計基準の理解が必要となりますので，USCPAとしては得意分野で活躍できるでしょう。

また，レポーティングをするためには，「数字を作る」だけではなく，「数字を見る」ことが必要となりますが，USCPAは試験の勉強を通して監査の知識や数字の分析手法を身につけるので，対応が可能になります。USCPAは「財務分析ができ，それを英語で報告できる」ということに本当の価値があると思います。

外資系企業では，単なるアカウンタントなら簿記検定2級とそこそこ高いTOEICスコアがあれば十分かもね。
でも，マネージャー以上となると，USCPAという資格とUSCPAの知識があるかで活躍できるかが違ってくるよ。

どこ

2 海外のことなら任せて！日系大手企業で頼りにされる

日系大手企業が日本の公認会計士ではなくUSCPAを採用する場合，海外進出していたり，海外とのやりとりが発生しており，国際的な会計や税務の知識，英語力が必要だからでしょう。

日本の会計基準だけではなく，米国の会計基準（USGAAP）や国際財務報告基準（IFRS）を理解し，英語力を活かして海外子会社や海外の取引先とコミュニケーションが取れるUSCPAは，社内の色々な場面で頼りにされます。

日系大手企業の経理部は，通常は，日本本体の決算を担当する「単体チーム」と連結決算を担当する「連結チーム」に分かれていると思います。USCPAの場合は，「連結チーム」に所属し，さらに子会社管理については，「日本国内」の子会社ではなく，「海外」の子会社を担当することになるでしょう。

日系大手企業でUSCPAが活かせるのは，以下のような業務があります。

日系大手企業でUSCPAが特に活躍できる業務

❶ 連結財務諸表の作成
❷ 海外子会社とのやりとり

① 連結財務諸表の作成

連結決算というと，子会社の個別財務諸表を合算して，親会社が連結修正を入れて連結財務諸表を作成するというだけで，やることは大体決まっているので，どこでUSCPAが活かせるのかと思われるかもしれません。

USCPAとしての知識が特に活かせるのは，子会社の財務諸表や連結パッケージをチェックする際と，海外子会社の会計基準を理解し，親会社の会計基準に合わせて連結修正を入れる際ではないでしょうか。

連結パッケージというのは，親会社が連結決算のために子会社から回収するデータで，連結修正で必要な情報がまとまったファイルのことです。親会社側では，必要な数字が漏れなく正確に入っているか，整合性が取れているかなど，連結パッケージの内容確認をするのですが，やっていることは監査に近く，USCPAの勉強で身につけた監査の知識が活かせます。

海外子会社が米国会計基準（USGAAP）や国際財務報告基準（IFRS）に準拠して財務諸表を作成している場合，そのまま日本の会計基準（JGAAP）の連結財務諸表に利用できますが，一定の項目（のれんの償却など）については，連結修正仕訳を入れ，日本の会計基準（JGAAP）へコンバージョン（組替え）の必要があります。

日本の会計基準（JGAAP）以外の会計基準，特に米国会計基準（USGAAP）の理解があり，連結修正が入れられるので，海外子会社を含む連結決算業務もUSCPAとして活躍できる分野でしょう。

②　海外子会社とのやりとり

海外子会社が作成する連結パッケージについて質問があったり，修正してほしい箇所がある場合は，作成した現地の経理担当者に連絡を取る必要があります。海外子会社の経理部門に日本人の担当者がいることもありますが，実務は現地のスタッフがやっていることが多いため，現地のスタッフと英語でコミュニケーションを取る必要が出てきます。

海外子会社については，たとえば海外事業部などがある場合は，情報共有しつつ連携して管理するのがよいかと思います。海外事業部などはどちらかというと「営業寄り」になると思いますので，連結決算担当としては，「会計寄り」の部分をしっかりコントロールする必要があります。

日頃から海外子会社の経理担当者とやりとりをして，気軽に相談をしてもらえる関係を作っておいたり，財務状況を把握しておけば，連結決算や連結監査がスムーズに進みます。「USCPAとしての腕の見せ所」といえるでしょう。

3 海外で「日本人 USCPA」として活躍する！

USCPA が海外で働く場合，監査法人や事業会社から出向する「海外駐在」と，自分で就職先をみつける「現地採用」の２つに大きくは分かれますが，どちらがよいかについては，どちらも一長一短です。

「日本人 USCPA」の海外での働き方

❶ 海外駐在：日本から海外に派遣される。

❷ 現地採用：自分で海外で仕事を探す。

「海外駐在」はある程度のキャリアを積んでいることが前提で，人事の関係もあり，自分が望んだからといって，誰でも行けるわけではないです。また，自分が希望する期間，自分が希望する国に行けるとは限りません。

現地では専用車が与えられたり，大きな家に住めたり，手厚い手当てがもらえたりと待遇がよい場合が多いです。ただし，仕事面では，日本側の期待に応えようとし，ストレスがたまることも多い印象です。

「現地採用」は自分が希望するタイミングで，自分が希望する国に行けますが，スポンサーが簡単にみつかるとは限りません。海外で働くには，就労ビザが必要ですが，申請にはスポンサーが必要です。

現地での採用ですので，基本的には現地で暮らせるだけの，現地の人に近い給料となり，日本人手当というものはありません。日本人の駐在員がいる会社だと，駐在員との待遇の差や，駐在員と現地スタッフの板挟みに悩むこともあります。

「海外駐在」と「現地採用」の違い

❶　海外駐在：希望が通りにくいが，待遇は恵まれている。
❷　現地採用：希望がかなえやすいが，待遇はよくない。

1　「駐在員」として海外に派遣される

「駐在員」については，日本の大手監査法人・税理士法人などから，海外の提携先に派遣されたり，日本企業から，海外子会社の会計部門に派遣されることが考えられます。

「プロフェッショナル」として派遣される場合も，「企業内スペシャリスト」として派遣される場合も，日本から海外に派遣してもらえる制度があることが大前提です。出向制度があるか事前に確認し，採用面接で海外に派遣される可能性があるのか確認する必要があるでしょう。

USCPA という資格があれば，派遣してもらえる可能性が高くなるのは確かです。ただし，資格だけではなく，業務がスムーズに遂行できるだけの実務能力が最低限必要です。

①　監査法人などから海外に派遣される場合

日本の大手監査法人は，世界中に提携先の事務所があり，日本から人員を海外に出向させることがあります。USCPA でも希望すれば派遣してもらえる可能性があります。

たとえば，海外に日本企業の子会社があり，日本人の経理担当者がいることもありますが，海外の監査人は日本人の経理担当者とコミュニケーションがうまく取れない場合があります。そこで，日本の監査法人から日本人を海外の事務所に派遣してもらいたいという需要が発生するわけです。

現地ではクライアントと現地スタッフの間に立ってコーディネートをしたり，経営コンサルティング的な業務を任されたり，クライアントになってもらえるように営業活動をすることもあります。よって，調整能力や営業力なども必要となります。

② 事業会社から海外に派遣される場合

事業会社から海外に派遣される場合は，職位が１つは上がり，マネジメントに携わることが多いので，マネジメント力も必要となるでしょう。

現地スタッフに下に見られないように，若手よりは少し年配の人が派遣されることが多い印象ですが，USCPAであれば，若くても派遣されるチャンスが回ってくる可能性があるでしょう。

日本の親会社と現地スタッフの間に立って，日本の親会社の意向を現地スタッフに伝えたり，現地の状況を日本の親会社に伝えて，現地からコントロールすることが主な任務となるでしょう。

たとえ日本の経理部門から派遣されたとしても，現地での経理実務は，現地スタッフがやることになる場合が多く，経理の実務経験が積めなくなることも多いです。

「駐在員」は実務から遠ざかるかも？

❶ 現地スタッフ：実務
❷ 駐在員：コーディネートやマネジメント

海外に派遣される場合は，「日本と現地のかけ橋」となる業務が多いと思っておく必要があると思います。現地の人とうまくやっていくことが何より大切です。USCPAは，USCPAという国際資格に興味をもっただけあって，国際感覚に優れた人が多く，海外に派遣されてもうまくやっていけるのではないでしょうか。

2 「現地採用」として海外で仕事を勝ち取る

「現地採用」については，現地の大学を卒業した新卒生がそのまま現地に残って就職先をみつけたり，現地に派遣されていた駐在員が退職して現地で転職したり，日本の会社員が退職し，現地で自分で転職先を探すといったパターンがあります。

① 米国で仕事をみつける場合

USCPAなので，海外で働くというと，まずは米国が候補に挙がるでしょう。米国で働く場合は，米国の大学や大学院で会計学を専攻し，卒業後に現地の監査法人などで新卒採用されることが考えられます。米国の大学卒だとアメリカの就労ビザがおりやすいですし，英語が話せることがわかっていますので，日本人でも採用されやすくなります。

とはいえ，米国にある現地の米国企業は，日本人を雇う理由がない限りは，日本人ではなく，アメリカ人を雇います。米国にある日本企業の子会社なども，日本人ではなくアメリカ人を雇うことが多いので，日本人が優遇されるとは限りません。日本人が必要ならば，日本から「駐在員」を派遣することも多くなります。

英語力がどんなに高く，アメリカ人と対等にやっていけるとしても，それでもネイティブには負けるでしょうし，外国人が米国で働くには就労ビザが必要で，就労ビザの申請手続きがめんどうなため，日本人はアメリカ人より採用には不利です。USCPA資格があるというだけでは，米国で働くのにそこまで有利ではないことは念頭に置いたほうがよいでしょう。

米国で仕事をみつける場合

あなたには，英語ができ，就労ビザが必要ないアメリカ人に勝てる何かがありますか？

② 米国以外で仕事をみつける場合

結局のところ，海外で働く場合一番問題なのは就労ビザかと思います。「海外駐在」の場合は，最初からスポンサーがいますので就労ビザのことはあまり考えなくてよいのですが，「現地採用」の場合は，自分で就職先を見つけ，スポンサーになってもらう必要があります。

よって，まず自分が働きたい国の就労ビザの事情を把握することが第一歩となります。職歴や学歴が重要視され，大学の学部と職歴に専門の一貫性がないと就労ビザがおりない国も多いです。

一般的に，欧米は就労ビザがおりにくく，アジアは就労ビザがおりやすいです。国によって就労ビザのおりやすさが変わるので，できるだけ就労ビザのおりやすい国を選ぶことも必要となるでしょう。

私の場合は，タイのバンコクで「現地採用」として仕事を探し，米国企業に採用されました。そして，その企業がスポンサーとなって，就労ビザと労働許可証（ワークパーミット）の取得手続きを進めてもらいました。

就労ビザと労働許可証取得の手続きまで必要となったのは以下のようなものでした。

タイの就労ビザと労働許可証取得で提出したもの

❶ USCPA ライセンスのコピー
❷ 監査法人や事業会社での実務経験を記載した「職務経歴書」
❸ 監査法人や事業会社に発行してもらった「在籍証明書」
❹ 大学の「卒業証明書」
❺ 「健康診断書」

資格・実務経験・職歴・学歴・健康がそろっていましたし，「アジア・パシフィック地域コントローラー」という立派な肩書きをスポンサー企業につけてもらったので，就労ビザは問題なくおりました。

タイは，アジアの中でも就労ビザが比較的おりやすいです。優秀な外国人を積極的に受け入れようとしているためです。とはいえ，自国民の雇用を守るための制限はあるので，単なる「アカウンタント」といった専門性のない仕事には労働の許可は出ません。

USCPAであれば，「コントローラー」などの高いポジションで採用され，高い会計の専門性があるということで，労働の許可が出やすくなります。

米国でなければならない理由が特にないのならば，USCPAだからといって働く国を米国に限らなくてもよいと思います。タイのバンコクのように国際的な都市であれば，日本の大手企業が進出していたり，国際的な会計事務所がありますので，日本人のUSCPAでも働くチャンスがみつかります。

また，USCPAだと「相互承認協定（MRA：Mutual Recognition Agreements）」を結んでいる国で，その国の公認会計士として働けます。日本の公認会計士資格には，このような国際間での資格の相互承認制度はありませんので，海外で仕事を勝ち取りたいと考えている場合に，日本の公認会計士資格よりUSCPA資格のほうが大きな味方になってくれるかもしれません。

USCPAは国際資格だから米国以外の国でも評価されるね。
米国の資格だから米国でしか活かせないというわけではないよ。
せっかくUSCPAになったなら，人生で一度くらい海外で働いてみてもいいかもね。

Column 3

USCPAとして海外で働いてみた！

タイのバンコクにて，USCPAとして米国企業で働いていたときの経験をご紹介します。

1 USCPA資格は，海外で明確な「採用する理由」になる

USCPAは米国の資格ですが，米国以外の国でも知名度があるため，高い評価が得られます。私の場合は，米国企業に応募したということもあるので余計にそうだったのかもしれませんが，USCPAであるということが最大の決め手となって，多くの求職者の中から採用されました。

外国人を採用する際には，「この人を採用しなければならない」という理由が，社内だけではなく，社外的にも必要です。社外的というのは，主にその国の労働局ということになりますが，外国人が働く際には，就労ビザや労働許可証（ワークパーミット）が必要であり，外国人を雇う明確な理由がなくてはなりません。

USCPA資格があるということは，高い会計の専門知識があるということで，社内的にも社外的にもわかりやすい「採用する理由」となります。

2 USCPAならば，海外で「なめられない」

日本人が突然来て，現地語（私の場合はタイ語でした）があまりできなかった場合，周りは「この日本人は大丈夫なのか？」と不安になるでしょう。ですが，USCPAという資格があれば，言葉は頼りないけれど，仕事に必要な知識がある人なのだと安心してもらえます。

名刺にもUSCPAと肩書が載っていますので，現地の監査法人や銀行とのや

りとりでも，最初から見る目が変わってきます。

USCPA であっても，仕事ができなければ次第に評価が下がってきてしまうのは海外でも同じですが，第一印象がよければそのままプラスの関係が築きやすくなるでしょう。最初から信頼が得られるというのは，USCPA であることの大きなメリットといえます。

3 海外では「日本人×USCPA」として最大限の貢献をする

海外で働くということは，生活を通して仕事やプライベートでその国の人たちと関係を築いていくことであり，一時滞在の海外旅行の延長線上にはありません。海外旅行が好きだからとか，海外への漠然としたあこがれだけだと，海外で長く働くのは難しいかもしれません。

会社というのは，ただでさえ自分と考え方の違う人もいる組織なので，国籍の違う上司や同僚とうまくやっていくのは，さらに難しくなります。働き始めてからは「USCPA で専門家だ」とアピールするよりも，「USCPA としてお役に立ちたい」と会社への貢献の気持ちや，「日本人である自分に働ける機会を与えてくれてありがたい」と働く国への感謝の気持ちを見せるほうが大切かと思います。

私の場合は，まず，社内の共通言語は英語でしたが，タイ語学校に通い，タイ語でタイ人の同僚たちとコミュニケーションが取れるようにしました。その上で，会社の中で唯一の日本人ということで，日本人の顧客応対のサポートをしたり，タイ人同僚の日本旅行の相談にのったり，日本人としてできることは何でも快く引き受けていました。

USCPA として会計の仕事がしっかりできていることが大前提ですが，日本人ならではの貢献も大切にすると，海外でもうまく働けるのではないかと思います。

自分にはどれが最適？
USCPA と他の会計資格の比較

本章でお話しすること

「USCPA になりたい」と思ったとしても，USCPA が一番自分に必要な資格だと確信していますか？　たとえば，USCPA と比較対象となる国際資格だけでも以下のようにこんなにあります。

USCPA と比較対象となる国際資格

❶ CMA（Certified Management Accountant：米国公認管理会計士）
❷ EA（Enrolled Agent：米国税理士）
❸ CIA（Certified Internal Auditor：公認内部監査人）
❹ CISA®（Certified Information Systems Auditor：公認情報システム監査人）
❺ CFE（Certified Fraud Examiner：公認不正検査士）

国際資格に限らず，日本人が日本で受験できる USCPA と比較対象となる資格を取り上げてご紹介しますので，USCPA が自分にとって最適な資格なのか検討してみてください。

USCPA になるにはお金も時間もそれなりにかかるから，自分にとって一番役に立つ資格なのか，他の資格と比較検討してみたほうがいいね。
自分にとって役に立たない資格を取るのは，「自己投資」ではなく単なる「浪費」だよ。履歴書のアクセサリーになるだけの資格は取らないようにしようね。

1 USCPAと他の資格を「職域」で比較

USCPAは，監査，税務，経営，会計と職域が広く，さらにIT知識や英語力も必要なため，オールマイティーな資格といえます。

USCPAと他の資格を職域で比較すると，以下のようになります。

■資格の職域の比較■　　*要英語力

<table>
<tr><th colspan="2">職域</th><th colspan="3">資格</th></tr>
<tr><td colspan="2">税務</td><td>EA（米国税理士）*</td><td rowspan="8">公認会計士</td><td rowspan="10">USCPA（米国公認会計士）*</td></tr>
<tr><td rowspan="3">会計</td><td>財務会計</td><td rowspan="2">簿記検定</td></tr>
<tr><td rowspan="2">管理会計</td></tr>
<tr><td rowspan="2">CMA（米国公認管理会計士）*</td></tr>
<tr><td colspan="2">経営</td></tr>
<tr><td rowspan="4">監査</td><td>外部監査</td><td></td></tr>
<tr><td rowspan="3">内部監査</td><td>CIA（公認内部監査人）</td></tr>
<tr><td>CFE（公認不正検査士）</td></tr>
<tr><td rowspan="2">CISA®（公認情報システム監査人）</td><td rowspan="2"></td></tr>
<tr><td colspan="2">IT</td></tr>
</table>

USCPA試験はいろいろな分野が広く浅く出題されますが，「ここまで広く学習する必要はない」という方や，「特定分野をより深く学習したい」という方もいるのではないでしょうか。たとえば，「税務にフォーカスしたい」，「ビジネスの実践で役立てたい」，「英語でわかる必要はない」などという場合は，USCPAではなく他の資格のほうが自分に合っている可能性が出てきます。

2 USCPA と日本の公認会計士・国際資格を「試験制度」で比較

USCPA と日本の公認会計士・国際資格を試験制度で比較していきます。

1 USCPA と日本の公認会計士の比較

日本の公認会計士試験は誰でも受験できますが，USCPA 試験は受験資格を得るために単位要件を満たす必要があり，受験するまでが大変です。

USCPA 試験は受験できるようになるまで大変ではありますが，受験日が自分で決められ，1科目ずつ勉強して受験できますので，受験日が固定されており，全科目一度に勉強しなければならない日本の公認会計士試験より，受験自体はしやすいです。

また，日本の公認会計士試験は「広く深く」出題されるので，学習時間が多くかかり，「相対評価」の試験で合格者数に制限があり，どんなによくできたとしても，他の受験生もよくできた場合は合格できるとは限りません。

USCPA 試験は「広く浅く」出題されるので，効率のよい学習スタイルにすれば学習時間が抑えられますし，「絶対評価」の試験で合格者数に制限がないため，よくできた受験生全員が合格になります。

とはいえ，日本の公認会計士試験は日本語で出題されますが，USCPA 試験は英語で出題されますので，会計知識に加えて英語力がどのくらいあるのかが勉強時間や合格の可能性に影響を与えます。

さらに，USCPA 試験の受験料は，日本の公認会計士試験の受験料よりかなり高く，特に何度も不合格になると受験料がかさんでしまうのが，マイナス点です。

2　USCPA・CMA・EAの比較

USCPA試験は，試験科目が4科目，勉強時間は1,000時間ほど，受験資格は単位要件があり厳しいです。

一方で，CMA（米国公認管理会計士）試験は，試験科目が2科目で，勉強時間は300時間ほどで，受験資格は4年制大学卒業の学位であり，USCPAよりは厳しくないです。また，EA（米国税理士）試験は，勉強時間が200時間ほどで，受験資格の要件はなく緩いです。選択問題しか出題されないので，対策がしやすいです。

合格までにかかる労力や費用で考えると，USCPAが一番大変で，次にCMA，最後にEAという順番になるでしょう。3つの試験とも，米国の資格ではありますが，日本のテストセンターでのコンピュータ受験が可能で，絶対評価の試験ですので，きちんと勉強すれば合格となります。ただし，米国の資格ということで情報が少なく，英語で出題されます。独学だと英語の教材を使うことになるため，英語力がよほどない限りは，予備校を利用して学習するのが効率的となります。

3　USCPA・CIA・CISA®・CFEの比較

CIA（公認内部監査人）・CISA®（公認情報システム監査人）・CFE（公認不正検査士）は，内部統制・内部監査の試験なので，USCPAよりかなり範囲が狭いです。また，CIA・CISA®・CFEは日本語で受験でき，選択問題のみの出題なので，USCPAよりも少ない勉強時間で合格でき，USCPAと違って独学が可能でしょう。

CIAとCFEは，4年制大卒でない場合は，受験資格には注意が必要です。また，USCPA・CIA・CISA®は通年で受験可能ですが，CFEは年2回しか受験のタイミングがなく，受験するためにはACFE（公認不正検査士協会）の会員になる必要があり，入会金や年会費がかかるのがネックとなります。

■USCPA と日本の公認会計士・

項目／資格	公認会計士	USCPA（米国公認会計士）	CMA（米国公認管理会計士）
難易度	5（超難関）	4（難関）	3（やや難関）
合格率	短答式：約10% 論文式：約35%	約50%	約50%
評価方法	相対評価	絶対評価	絶対評価
出題の特徴	広く深く	広く浅く	狭く，やや深く
出題言語	日本語	英語	英語
出題形式	選択問題 記述式問題	選択問題 記述式問題	選択問題 記述式問題
学習時間（目安）	3,000時間	1,000時間	300時間
勉強と仕事の両立	可能だが難しい	可能だが大変	可能
独学	可能だが難しい	英語力と受験資格を満たす単位があれば可能	英語力があれば可能
受験資格の要件	なし	学位要件（基本的に４年制大卒）単位要件（会計単位とビジネス単位）	４年制大卒（ただし受験時ではなく登録時に必要）
受験日	短答式：年２回 論文式：年１回	通年（ただし2024年は制限あり）	１月２月，５月６月，９月10月
受験場所	指定された試験会場	テストセンター（国内も可）	テストセンター（国内も可）
受験方法	ペーパー試験	コンピュータ試験	コンピュータ試験
受験科目	短答式：４科目 論文式：必須４科目＋選択１科目	４科目	２科目
受験料（全科目合計）	約20,000円	約3,000ドル（日本受験の場合）	約900ドル

国際資格の試験制度の比較

EA（米国税理士）	CIA（公認内部監査人）	CISA®（公認情報システム監査人）	CFE（公認不正検査士）
3（やや難関）			
約65%			
絶対評価			
狭く，やや深く			
英語	日本語可	日本語	日本語
選択問題のみ	選択問題のみ	選択問題のみ	選択問題のみ
200時間	300時間	150時間	100時間
可能	可能	可能	可能
英語力があれば可能	可能	可能	可能
なし（ただし18歳以上）	４年制大卒（４年制大卒ではない場合は５年以上の実務経験が必要）	なし（ただし18歳以上）	ACFE 会員かつ資格点数40点以上（４年制大卒，４年制大卒ではない場合は関連資格・実務経験などで加点）
１月，６月，８月，10月	通年	通年	年２回
テストセンター（国内も可）	テストセンター（国内も可）	テストセンター（自宅も可）	自宅も可
コンピュータ試験	コンピュータ試験	コンピュータ試験	コンピュータ試験
３科目	３科目	１科目（５領域）	４科目
約600ドル	約145,000円（IIA* 個人会員：約97,000円）	約800ドル（ISACA* 会員：約600ドル）	約22,000円（ほか ACFE* への入会金や年会費がかかる）

＊IIA：内部監査人協会
　ISACA：情報システムコントロール協会
　ACFE：公認不正検査士協会

3 USCPA と一緒によく検討される資格を比較

以下の５つの資格は，USCPA と一緒によく比較される資格です。

USCPA と一緒によく比較検討される資格

❶ EA（米国税理士）

❷ CMA（米国公認管理会計士）

❸ 公認会計士

❹ 簿記検定

USCPA と一緒によく検討される資格とその関連資格をタイプ別にざっくりマッピングすると，以下のようなイメージです。

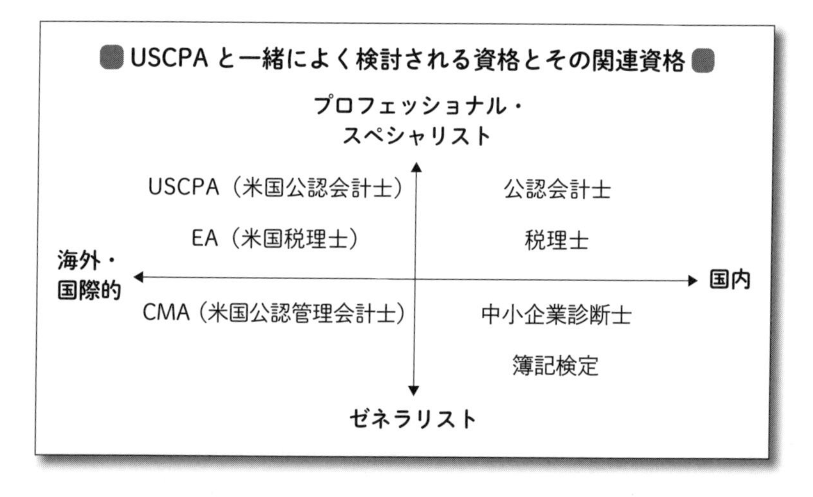

1　EA は USCPA と一番関係がありそうだけど何が違うの？

EA（米国税理士）は名前のとおり「税理士の米国版」で，日本の国税庁に相当する米国の IRS（Internal Revenue Service：内国歳入庁）が施行する国家試験に合格し，ライセンス登録をした税務のプロフェッショナルのことです。

USCPA は州の資格ですが，EA は国の資格です。EA は日本の税理士が担当するような税務業務（税務代理，税務書類の作成，税務相談）が行えますが，日本の税理士と違って税務の独占業務権限はありません。

EA が日本でも人気のある資格の１つなのは，税務について英語で出題される「税務×英語」の試験であるため，「会計×英語」の試験である USCPA と比較され，さらに，米国の税理士ということで，日本の税理士とも比較されるからでしょう。

USCPA も税務について「広く浅く」学ぶことになりますが，EA は税務について USCPA 試験より「深く」学ぶことになりますので，税務の専門資格として USCPA と差別化できるでしょう。また，EA ならば，日本の税理士よりも英語ができるという印象を与えられます。

EA は，既に日本の税理士の学習をしたことがある人が，英語力があることを証明するためにおすすめの資格となりますし，大学卒業が受験要件になっていないため，大学生が USCPA ほど労力をかけずに，英語力があることを就活でアピールする１つの材料として活用することが考えられます。

米国税務や国際税務を専門としたいなら，USCPA ではなく EA でも十分という場合があるかもしれませんね。

2 CMA は USCPA に似ているけど何が違うの？

CMA（米国公認管理会計士）は，「MBA のミニ版」で，国際的な管理会計能力のあるプロフェッショナルとして認められる資格です。日本では「USCMA」と呼ばれており，名前からして USCPA と似ていますが，USCPA（米国公認会計士）と並んで２大国際会計資格の１つです。

USCPA も CMA も会計資格とはいえ，どちらかというと，USCPA は「財務会計」が専門であり，CMA は「管理会計」が専門となります。そして，USCPA は監査や税務も広く学ぶことになりますが，CMA は経営実務に必要なこととして，財務計画，業績管理・分析，戦略的財務管理を狭く学びます。

USCPA のような独占業務権限はありませんが，名刺には CMA と肩書を入れることができますので，プロフェッショナルとしてアピールは可能です。CMA は企業の財務計画を立案したり，財務の意思決定をする経営コンサルタント的な役割が評価されていますので，資格としては日本の中小企業診断士に近いでしょう。

CMA は，既に中小企業診断士の学習をしたことがある人が，英語力があることを証明するためにおすすめの資格となりますし，ビジネス実務に直結した知識が身につきますので，転職しなくても現職でも活かせます。

監査業務や税務業務に就きたいわけではないなら，USCPA でも EA でもなく CMA のほうがよいという場合があるかもしれませんね。

3 日本の公認会計士とUSCPAのどちらかを選ぶとしたら？

ここまで本書を読んでいただいても，まだ日本の公認会計士とUSCPAのどちらを選んだらよいのか迷う場合，そもそも自分の今後のキャリアプランが明確ではないのかもしれません。「日本の公認会計士がいいけれど，そこまで勉強時間がかけられないし，難しそうだからUSCPAにしようと思うけれど，どうか」といった，キャリアプランと違った次元での妥協の気持ちがあると迷うのかと思います。

USCPAの活かし方がわからないのに，USCPAのほうが簡単そうだということでUSCPAにしようかと思うのでしたら，あなたが社会人の場合は，本当にUSCPAを受けるか再考することをおすすめしますし，あなたが大学生の場合は，日本の公認会計士をおすすめします。

社会人の場合に再考をおすすめするのは，明確な目的がないのにUSCPAを受けようとしても合格にたどり着けない可能性が高いからです。仕事と勉強の両立は思った以上に大変なため，仕事が忙しいなどと理由をつけて途中であきらめてしまうかもしれません。

また，大学生の場合に日本の公認会計士をおすすめするのは，本当に会計のプロフェッショナルとして将来活躍したいのであれば，USCPAという「キャリアアップ」や「キャリアチェンジ」で役に立つ資格より，日本の公認会計士という「キャリアのスタート」で役立つ資格のほうが適しているのではないかと思うからです。

USCPAになるのをやめるという結論や，USCPAではなく日本の公認会計士のほうがよいという結論になるかもしれませんね。

4 簿記検定のほうがUSCPAより役に立つ？

簿記検定とUSCPAが比較されるということは，この「役に立つ」の意味は，「経理や財務の仕事で役に立つ」という意味だと解釈します。簿記検定とUSCPAのどちらが役に立つかは，場合によるでしょう。

あなたが大学生の場合は，簿記検定のほうがUSCPAより役に立つと思います。まずは簿記検定2級に合格し，それからUSCPAに挑戦するならわかりますが，最初からUSCPAというのはおすすめできません。もし，会計知識だけではなく英語力も評価してもらいたいのなら「簿記2級×TOEIC®ハイスコア」をおすすめします。

また，あなたが「実務経験のない30代以上の社会人」の場合も，簿記検定のほうがUSCPAより役に立つと思います。実務経験がなく，経理や財務の仕事では当然持っているとされる簿記検定がないのにUSCPAを取得しても，なぜ突然USCPAを取得したのか疑問が残るからです。また，年齢が高い未経験者だと，USCPA資格があっても転職では評価されない可能性が高くなるからです。

一方，あなたが「実務経験のある社会人」だったり，「実務経験のない20代の社会人」の場合は，簿記検定よりUSCPAのほうが役に立つと思います。実務経験がある場合は，USCPAを取得することで「キャリアアップ」が見込めますし，実務経験がなくても20代の場合は，USCPAを取得することで「キャリアチェンジ」が可能になるからです。

USCPAより簿記検定をおすすめした場合も，USCPAのほうが自分には役に立つと確信できるのでしたら，ぜひUSCPAを選んでいただければと思います。USCPAが自分にとって最適な資格だと確信できるかが重要だからです。

Column 4

USCPA という資格を選んでよかったか？

私自身の答えは「YES」です。USCPA という資格があったからこそ，大手監査法人の国際部で採用してもらえましたし，海外で働くこともできました。

もし，EA（米国税理士）や CMA（米国公認管理会計士）を選んでいたら，USCPA ほどには強力な武器にはならず，順調にキャリアを積み上げげられたかわかりません。また，日本の公認会計士や税理士を選んでいたら，ここまで海外と関わる働き方はできなかったと思います。

私の場合は，USCPA に合格したのが20代であり，既に米国企業で経理経験を積んでいたので，「年齢」「経験」「資格」の３つがうまくかみ合ったのかと思います。「年齢」が30代以上で「経験」がなかったならば，USCPA という「資格」を取っても，ここまで活かせていたかどうか確信は持てません。

とはいえ，「経験」がないのなら，「経験」を身につける道をみつければよいのかと思います。私の場合も，キャリアの初めは，米国企業で経理として働きたくても「経験」がある人しか採用してもらえず，「経験」がないから「経験」を積みたいのに，どうしたらよいのかわからないという状態でした。結局，派遣社員から始めて正社員へとステップアップしました。

USCPA という「資格」が活かせる状況にないように思えるのならば，活かせる状況を作り出す努力をして，「経験」と「資格」がかみ合うように近づけていくのがよいと思います。「年齢」だけはどうしようもないので，USCPA に興味をもったら，できるだけ早くチャレンジするかどうか決断し，できるだけ早く合格することをおすすめします。

USCPAになると決めたら「合格の誓約書」を作成しよう

本章でお話しすること

「USCPA になりたい」と思って本書を手に取っていただいてから，USCPA の活かし方やキャリアパスについて読み進めていただき，他の資格とも比較していただきました。

ここまでたどり着いたということは，「USCPA になりたい」という気持ちが揺るがず，「USCPA になる」と決心していただいたということでよろしいでしょうか？

「USCPA になる」と決めたら，すぐにやっていただきたいことがあります。それは，今のあなたの決意を紙に書き残すことです。

USCPA の勉強は長丁場となります。プライベートや仕事の環境の変化，遊びの誘惑など多くの山あり谷ありの中で，最後まで自分の決意を貫くのは大変です。

通常，何かを決意した時点が一番意志が固いので，「USCPA になる」という決心が揺らいでしまうかもしれない将来の自分に向けて，「USCPA 合格の誓約書」を作成しておきましょう。

誰かに見せる必要はないから，どう書くか難しく考えなくていいよ。思いついたら後から足してもいいし。
「USCPA 合格の誓約書」ができあがるまでは，ワーク形式になっているから，まずは順番にやってみてね。

1 「USCPA に絶対なる！」と強く決意

USCPA に合格できた人，合格できなかった人の違いは何でしょうか。一番の違いは，どれだけ「USCPA になりたい」という気持ちが強かったかだと思います。

頭のよさ，要領のよさ，勉強時間の長さ，利用した予備校との相性なども合格するかどうかの要因の１つにはなりますが，「なんとしてでも合格して，USCPA になる！」という決意の強さが，合格するかどうかの最大の要因でしょう。

さて，ここで気持ちを切り替えましょう。「USCPA になる」と決意した気持ちをさらに強め，「USCPA に絶対なる！」と強く決意しましょう。

ワーク１　**「USCPA に絶対なる！」と強く決意しましたか？**

Yes　or　No

Yes なら，次へ⇨

2 合格後の自分を具体的にイメージ

「USCPA に絶対なる！」と決めても，勉強をしていてくじけそうになることがあるでしょう。ですが，その先に喜び・幸せ・希望があれば前に進んでいけます。

「USCPA に絶対なる！」と思うのはなぜでしょうか？　USCPA になったら，どこでどんなことがしたいのでしょうか？　どのように活躍したいのでしょうか？　合格後の自分をイメージしてみましょう。

具体的にイメージできなかったら，転職したい会社のサイトを検索して，掲載されている写真を見たり，実際に働いている人に話を聞いたりしてみてもよいでしょう。

ワーク2

USCPA になった自分のイメージを具体的に書いてください。絵を描いたり写真を貼ってもよいです。

3 いつまでに合格するか明確な期限を設定

目標を設定した場合，期間の制限をつける必要があります。期限のない目標は，ただの「願いごと」です。

期限を明確にすることで，その期限までに目標をかなえるため，日々何をしなければならないのか考えるようになります。

ワーク3

いつまでにUSCPAに合格するか期限を設定してください。

（　　　　　）年（　　　）月までに

USCPAに合格する。

4 小さな目標達成のご褒美を用意

合格までは長いので，ときどきは息抜きできる時間や自分の好きな物を手に入れるようにするとよいでしょう。ですので，小さな目標を達成したら，何か自分にご褒美をあげることにしましょう。

目標を達成したらご褒美がもらえると，脳は，ご褒美が嬉しいのではなく目標に向かうことが嬉しいと誤解するそうです。

たとえば，１週間がんばったら，金曜日の夜はお酒を飲んで早めに寝てよいとか，１科目合格したら，好きなレストランに家族で食事に行くなど。

目標の問題数を解き終えたらスタンプを押すとか，シールを貼るといったちょっとしたことでもよいでしょう。

ワーク4

どんな目標が達成できたら，どんなご褒美を自分にあげるか決めてください。

5 合格するために多少の犠牲を覚悟

合格するには，何か犠牲も必要です。ただ，犠牲にするといっても「優先順位が低いものを切り捨てる」ということであり，勉強のために生活の質や満足度を下げることをおすすめしているわけではありません。

何が自分にとって大事なのか，何が勉強よりは優先度が低く切り捨ててもよいのか，時間やお金の遣い方の見直しをすることをおすすめします。自分にとって大事なものは残しつつ，工夫して勉強と両立しましょう。

たとえば，毎日１時間なんとなくやっていたゲームをやめて勉強時間に充てたり，惰性で通っていたジムに通うのはやめて，会費を受験費用に充てるなどでもよいでしょう。

ワーク５

USCPA合格のため何を犠牲にできるか書いてください。

6 合格を確実にするため周りの力を借用

合格までは勉強に集中するため，家族や職場の人など，周りの人に迷惑や不便をかけることもあるので，理解を得る必要があるでしょう。

家族とのプライベートの時間を減らさないとならないかもしれませんし，職場の人には試験のためにお休みをもらったり，残業を少し減らしてもらったりするかもしれません。周りの人には感謝をしながら，勉強を続けたいものです。

また，友達と遊ぶ時間も減ってしまうかもしれません。仲のよい友達にはUSCPAの勉強をすることを話し，応援してもらってもよいでしょう。サボっていたら，少しお尻を叩いてもらってもよいかもしれませんね。

ワーク6

USCPA合格まで応援してもらいたい人を書いてください。理解を得ておく必要がある人，勉強する機会をくれて感謝したい人は誰ですか？

7「USCPAに絶対なる！」と誓約を表明

何かを実現するには，「SMARTの原則」に沿った目標を設定すると途中で挫折しにくいそうです。

SMARTは，S（Specific：具体的である），M（Measurable：計測ができる），A（Agreed upon：同意している），R（Realistic：現実的である），T（Timely：期限がある）の5つの英単語の頭文字をつなげたものです。

みなさんは既に「SMARTの原則」に沿ったワークをこなしましたので，途中で挫折しない準備はできました。あとは「USCPAに絶対なる！」と自分に誓うだけです。

ワーク7

「USCPA合格の誓約書」を完成させ，日付を入れてください。

USCPA合格の誓約書

私（名前：　　　　　　　　　　）は，

（合格後の理想の自分：

　　　　　　　　　　　　　　　　）を実現するため，

（合格期限：　　　　年　　月）までに

USCPAに必ず合格します。

（今日の日付：　　　　年　　月　　日）

Column 5

USCPAになったら何がしたい？ 「副業」と「複業」

USCPAの活かし方の典型は，転職でキャリアチェンジ・キャリアアップするといったことでしょう。主に本業で活かすことになると思いますが，本業以外でもUSCPAであるという肩書や，USCPAだからこそもつ知識は活かせます。

1 収入を最大化。USCPAという肩書を活かした「本業」×「副業」

最近，「副業」をするのが流行っているように感じます。「副業」というと時間給で「労働を売る」イメージをもたれる方も多いと思うのですが，USCPAの場合は，会計の専門家という肩書で「知識を売る」働き方が可能です。

たとえば，USCPAの「副業」として，会計資格の講座の講師をしたり，会計の情報発信をしたり，会計サポートをしたりすることが考えられます。会計に関して「わかりやすく説明」「必要な情報を提供」「困りごとを解決」できるのは，USCPAならではの「副業」だと思います。

私の場合は，「副業」として英語の会計文書の翻訳をしてきましたし，いまはUSCPAのブログを書いています。今後も，USCPAであることを活かして，いろいろなことに挑戦していきたいと思っています。

知識だけではなく，「本業」での経験やスキルがあるからこそ，「副業」ができるわけですので，まずは「本業」をしっかりやることが大事でしょう。その上で，「副業」が「本業」にプラスの影響が与えられるようになれば，「本業」×「副業」でUSCPAを最大限に活かして，生涯収入を最大化することも可能でしょう。

2 人生100年時代の生き方。USCPAの知識を活かした「複業」

「複業」というのはあまり聞きなれないかと思います。「副業」はメインの「本業」があって，空いた時間に追加で行う「おまけ」ですが，「複業」は「本業」とは優劣がつけられない自分の価値観に基づいて行う「生きがい」です。

私の場合，USCPAになると決めた一番の理由は，ラオスという東南アジアの国で会計分野に関して何らかの貢献がしたかったからです。今は帰国してしまいましたが，平日はタイで会計の仕事をしながら，週末はタイの隣の国のラオスで会計のボランティア活動をしていました。

ラオスでは，とあるNGOのサポートをしていたのですが，USCPAとして，経理担当者の指導，月次決算の導入，コスト削減のアドバイスなど英語で会計について説明できる強みを十分に活かせていたと思います。

また，経理職に就きたい女性のための簿記セミナーに関わったのですが，「簿記はおもしろい」と目を輝かせるラオスの女性たちを見て「USCPAになった甲斐があった」と心から思いました。

USCPAになってどうしてもやりたいことがあったからこそ，USCPAの勉強がつらくても合格まで頑張れましたし，USCPAになってボランティア活動をしていても，自分の強みで社会貢献できているという喜びがあります。USCPAになっていなかったら，NGOとの関わり方もお金を寄付するだけだったと思います。

このようなプロボノ（pro bono publico：公共善のために）といった専門知識を活かしたボランティア活動でなくてもよいのですが，会計知識を提供することで人の役に立ち，人生が豊かになるというのも，USCPAの活かし方の一つかと思います。

USCPAになるまでの道のりをたどってみよう

本章でお話しすること

「USCPA に絶対なる！」と決めても，どうしたらなれるのかよくわからないかもしれませんね。USCPA は米国の試験ですので，日本語で得られる情報には限りがあります。

また，USCPA 試験受験で関わってくる「登場人物」も米国の組織となってきます。英語でのやりとりになるので大変な面もあります。

「USCPA に絶対なる！」と決めてから USCPA になるまでどのような道を歩んでいくのか，「ロードマップ」をご紹介させていただきますので，イメージしてみましょう。

USCPA の受験手続きは，関わる組織と大まかな流れさえわかっていれば複雑ではないよ。
USCPA は米国の試験だから，日本人が日本で受験すると，手間と時間と費用が追加でかかるけど，基本的には日本の資格試験と大きな違いはないよ。

＊USCPA の受験手続きはしばしば変更されます。2024年 1 月からの新試験制度に合わせて大きな変更が続いていますのでご注意ください。

1 USCPA 試験受験の「登場人物」

はじめに，USCPA 試験受験に関わる「登場人物」を把握しておきましょう。

USCPA 試験受験に関わる「登場人物」

❶ Candidate（出願者）
❷ USCPA 予備校
❸ Boards of Accountancy（会計士委員会）
❹ AICPA（米国公認会計士協会）
❺ NASBA（全米州政府会計委員会）
❻ Prometric（プロメトリック）
❼ 学歴評価機関

1 Candidate（出願者）

Candidate とは，「USCPA に絶対なる！」と決めたあなたのことです。

USCPA 試験は誰でも受けられるわけではなく，以下のような受験資格を満たす必要があります。

USCPA 試験の受験資格

❶ 学位要件：一般的には４年制大卒の学位
❷ 単位要件：一定の会計単位とビジネス単位

また，USCPA 試験は全米統一試験ですので，どの州に出願しても試験の内容は同じですが，州によって必要な受験資格が異なりますので，受験資格が満たしやすい州に出願することになります。

2 USCPA予備校

予備校は，「USCPAになりたい」と思ったあなたをサポートしてくれます。

現在，日本ではいくつかの予備校がUSCPA講座を提供しています。たとえばアビタスという国際資格の専門校は，多くのUSCPA合格者を輩出しており，日本のUSCPA合格者の約3人に2人がアビタス卒業生です。

米国の大学で会計学を専攻していた人などは別ですが，日本のUSCPA受験生の多くは，日本のUSCPA予備校を利用することになります。独学が無理というよりは，単位要件（一定の会計単位とビジネス単位）を自力で揃えるのが難しいからです。

USCPA予備校は，試験対策の指導をしてくれるだけではなく，受験資格を満たすために必要な単位を取らせてくれるという2つの役割があることに注目しましょう。

USCPA予備校の役割

❶ 試験に合格するための学習サポート
❷ 受験資格を得るための単位取得サポート

USCPA予備校に入学し，USCPA試験受験に向けた学習と単位取得は同時に進めていくことになります。USCPA予備校は，あなたがUSCPA試験に合格できるだけの実力を身につけられるよう，講義や教材を提供し，USCPA試験の受験手続きのサポートもしてくれます。

3 Boards of Accountancy（会計士委員会）

Boards of Accountancyは，USCPA試験の受験条件や合否の決定権などを持っています。日本のUSCPA受験生の多くは，直接コンタクトを取ることはないでしょう（出願州によっては，各州のBoard of Accountancyにコンタクトを取ることになります）。

4 AICPA（American Institute of Certified Public Accountants：米国公認会計士協会）

AICPAは，USCPA試験の内容や採点方法を決定し，試験問題を作成しています。USCPA受験生は，AICPAにも直接コンタクトを取ることはないでしょう。

5 NASBA（National Association of State Boards of Accountancy：全米州政府会計委員会）

NASBAは，USCPA試験の受験手続き全般を委託されています。日本のUSCPA受験生の多くは，NASBAのウェブサイトにアクセスし，受験手続きをすることになります（出願州によっては，NASBAを通さず，各州のBoard of Accountancyと直接やりとりをします）。

NASBAのウェブサイトでできること

❶ 受験資格審査の申請
❷ 出願手続き
❸ 受験票（NTS）の確認と印刷
❹ 日本会場手数料の支払い（日本で受験する場合）
❺ 試験結果（スコア）の確認

6 Prometric（プロメトリック）

Prometric は，USCPA 試験の試験会場となるテストセンターを世界中で運営しています。USCPA 受験生は，Prometric のウェブサイトにて試験会場の予約をし，Prometric テストセンターで USCPA 試験を受験することになります。

7 学歴評価機関

学歴評価機関は，米国以外の国の大学で取得した学位と単位が，米国の大学と同じレベルであるか評価をします。

主な学歴評価機関

1. NIES（NASBA International Evaluation Services）
2. FACS（Foreign Academic Credential Service）

日本の USCPA 受験生の多くは，日本（米国以外）の大学で取得した学位と単位を学歴評価機関に評価してもらうことになります。利用する学歴評価機関は出願する州によって異なり，各州の Board of Accountancy が指定する学歴評価機関を利用することになります。

2 USCPAになるまでの「ロードマップ」

USCPAになるまでの「ロードマップ」は以下のようになっています。

USCPAになるまでの「ロードマップ」

❶ USCPA予備校の決定と入学
↓
❷ 学習と不足単位の取得（USCPA予備校を通して）
&
❸ 学歴評価の依頼（学歴評価機関 ウェブサイトにて）
↓
❹ 受験資格審査の申請と出願（NASBAウェブサイトにて）
↓
❺ 試験会場の予約（Prometricウェブサイトにて）
↓
❻ 受験（Prometricテストセンターにて）
↓
❼ 試験結果の確認（NASBAウェブサイトにて）
↓
❽ 全科目合格後，ライセンス登録

＊NASBAではなく，各州のBoard of Accountancyとやりとりをする州もあります。

いろいろとやることがあるように見えますが，それは，日本の大学を卒業した日本人が日本で米国の試験を受けるからです。日本人でも米国の大学を卒業し，米国で受験する場合は，いくつかプロセスが省けます。

とはいえ，学歴評価や日本会場手数料の支払いというプロセスが追加で必要になるくらいです。願書を提出して受験料を支払い，試験会場の予約をして受験し，合格発表日に合否を見るという，他の資格試験と同じようなプロセスだと理解していただければと思います。

USCPAの学習を開始してから全科目合格するまでの期間は，1日の勉強時間や勉強スタイルなどによって変わってきますが，1年くらいはかかると考えましょう。

1 自分に合ったUSCPA予備校に入学

自分に合ったUSCPA予備校を選ぶことは非常に大切です。どのUSCPA予備校を利用するか決める際に，以下の4点で比較検討しましょう。

USCPA予備校の比較ポイント

❶ 講義
❷ 教材
❸ サポート
❹ 費用

どのUSCPA予備校も，USCPA講座のパンフレットを用意しており，定期的に説明会を開催しています。できる限り多くの予備校からパンフレットを取り寄せ，説明会に出席して比較検討することをおすすめします。

2 出願州を決定し，学習と単位取得を同時進行

USCPA予備校に入学したら，さっそくUSCPAの学習を開始しましょう。USCPA予備校があなたに合った出願州をおすすめしてくれ，出願州に合わせてどのように学習を進めていけばよいのか，学習スケジュールを決める手助けをしてくれますので，その学習スケジュールに従って学習を進めましょう。

大部分の受験生は受験資格を満たすだけの単位が足りていないので，USCPA予備校を通して米国の大学の単位を取っていくことになります。USCPA予備校のUSCPA講座の学習をすれば，米国の大学の単位が取れるようにカリキュラムが組まれていますので，単位を取るためだけの学習をする必要はありません。

3 米国以外の国の大学の学歴評価を依頼

日本を含め米国以外の国の大学で取得した学位と単位は，学歴評価機関（NIESやFACS）に米国の大学で取得したものと同じレベルであることを公式に証明してもらう必要があります。

学歴評価機関のウェブサイトで学歴評価依頼の申請をし，手数料を支払ったあと，英文卒業証明書と英文成績証明書を学歴評価機関に送付します。

英文卒業証明書と英文成績証明書を卒業した大学で発行してもらい，学歴評価機関に送付し，評価の結果が来るまでは，2ヵ月から3ヵ月くらいはかかってしまいますので，USCPAの学習開始と同じタイミングで早めに手続きを進めましょう。

4 受験資格審査の申請と願書の提出

学歴評価が終わり，受験資格を満たしたら，NASBAのウェブサイトで受験資格審査を申請し，願書を提出します。受験資格審査料（Education Evaluation Application Fee）と試験料（Exam Section Application Fee）も支払います。

受験票（NTS：Notice To Schedule）が発行されるので，印刷し記載内容を確認し，手元にもっておくと安心です。試験会場の予約や受験の際に必要となります。

5 場所と日時を決めて試験会場を予約

USCPA 試験は Prometric テストセンターで受験することになります。現在，日本で受験する場合は，東京（御茶ノ水）と大阪（中津）の2ヵ所の Prometric テストセンターでの受験が可能です。

USCPA 試験会場（日本受験の場合）

❶ 東京：御茶ノ水ソラシティテストセンター
❷ 大阪：中津試験会場（テストセンター）

受験日は自分で決めることができますので，試験会場の空き状況を確認し，空いていれば予約を入れます。ただし，日本で受験する場合は追加の手数料（日本会場手数料）の支払いが済んでから予約することになります。

試験日に関しては，受験科目の勉強の仕上がり具合や，仕事などの忙しさとの兼ね合いを考慮し，受験日からスコアリリース（結果発表）までがなるべく短くなるような日を選ぶのがおすすめです。

6 とうとう試験本番！

指定された時間までに試験会場に向かいます。パスポート（身分証明のため）や受験票（NTS）が必要となります。

持っていく必要のあるもの，持ちこめるもの，貸し出されるものは頻繁に変わるので，プロメトリックテストセンターに確認しておくと安心です。

USCPA 試験は CBT（コンピュータ・ベースド・テスティング）ですので，指定されたブースに座り，コンピュータ上で解答をしていきます。コンピュータが出題から採点まで行います。

7　75点以上で合格！　全科目合格で学習終了

合格発表日はAICPAのウェブサイトで公表されており，いつまでに受験すればいつスコアリリース（結果発表）されるのかスケジュールがわかります。

スコア（試験結果）はNASBAのウェブサイトに表示されますので，自分で確認することになります。各科目99点満点中，75点が合格の基準ですので，75点以上のスコアが表示されれば合格となります。

USCPA試験は４科目ありますので，１科目から３科目までの合格なら引き続き学習を続けましょう。不合格だった場合は，数日待てば試験会場の予約ができるようになるので再受験しましょう。

４科目全てに合格できれば，晴れてUSCPAの勉強から卒業となります。

8　ライセンス登録し，ついにUSCPAに！

USCPA試験に全科目合格しても，USCPAのライセンス登録をしなければ対外的にUSCPAと名乗ることはできません。ライセンス登録すると「USCPA全科目合格者」から「USCPA」になります。

USCPAのライセンスを登録するとできること

❶ 名刺に「USCPA」と記載できる。
❷ 「USCPAである」と正式に名乗れる。
❸ ライセンス登録した州で会計事務所の開業や「監査報告書」へのサインができる。

Column 6

USCPA ライセンスは登録したほうがよいか？

「USCPA ライセンスは登録したほうがよいのか？」というご相談をいただくことが多いので，一緒に考えてみましょう。

1 どんな人はライセンス登録したほうがよい？

USCPA のライセンスというのは，USCPA としての免許で自分の事務所を開いたり，公認会計士として独占業務を行う場合に必要となるものです。

米国のライセンス登録をした州でのみ有効ですので，日本人の場合は，米国で公認会計士としての業務をしない限りは，絶対に必要というものではありません。

では，どんな人はライセンス登録したほうがよいのかというと，以下のような人かと思います。

❶ 監査法人で働く場合（特に会計監査職に就く場合）
❷ 事業会社で監査法人・公認会計士とのやり取りが発生する場合
❸ コンサルティング会社で働く場合
❹ 金融機関の法人営業，商社で事業投資案件などを担当する場合
❺ 海外で働く場合

簡単にいってしまうと，ライセンスを取得しないと名刺に「USCPA」と肩書が書けませんし，対外的に「USCPA」と名乗れないので，「USCPA」という肩書を示して仕事に活かしたい場合は，ライセンスを取得したほうがよいということになります。

私の場合は，ワシントン州のライセンス登録をしていますが，それは大手監査法人で会計監査をしていた際，法人からライセンス登録を強くすすめられたからです。実際，名刺に「USCPA」と肩書があると，クライアントからの信頼が増しました。

また，タイの米国企業で会計の仕事をしていたときは，入社面接の時点でライセンスのコピーを提出するように言われましたし，名刺にも「USCPA」と肩書が入りました。

ですが，日系グローバル企業の財務・経理職では，「USCPA」という肩書よりも，今までの実務経験やマネジメント能力が評価されるため，名刺には「マネージャー」という役職しか書かれず，自分から「USCPA」だと仕事関係者に名乗ることもありませんでした。

ライセンスを持っていてもあまり意味がない場合もあるので，ライセンス登録するかはご自分のキャリアパスしだいかと思います。

2 ライセンス維持にお金も時間もかかるが，大ごとではない

USCPA のライセンスは，一度取得したらそれで終わりではなく，定期的に更新手続きをする必要があり，更新料を支払い，継続教育（CPE）で単位を取得します。つまり，ライセンスを維持するにはお金がかかり，USCPA としての品質保持のため，時間もかける必要があるということです。

私の場合はワシントン州のライセンスですので，３年に１度の更新手続きが必要で，更新料を支払い，継続教育を受けて120単位を取得しています。

更新料は230ドルで，継続教育にかかる時間は私の場合は120時間くらいですので，それほど大金ではないですし，それほど時間もかかるわけではないです。

本当に必要がないならライセンスは失効（Lapse）させてしまってもよいですし，一時的に無効化（Retire）させることもできますので，お金や時間のことを考えてライセンスの取得をやめる必要はないのかと思います。

USCPAに絶対なるなら短期合格を目指そう

本章でお話しすること

USCPA試験は，自分のペースで勉強して最終的に合格できればよいので，早く合格することだけが正解ではありません。

ですが，勉強が長期化すると途中で挫折する可能性が高まりますし，資格の勉強は早く終わらせて，早くUSCPAとして活躍したり，実務で必要な勉強をしたほうがよいので，短期合格を目指すことをおすすめします。

短期合格するために必要なことは，試験に前向きに取り組み，合格に必要なレベルがどのくらいなのかを把握して，その最低限の合格レベルを最小の労力で突破しようとすることです。

そのためには，USCPA試験という倒すべき相手をよく理解し，倒すために必要な情報を集めた上で，決闘日に向けて，倒すために不可欠なことを計画的にこなすことが必要になるでしょう。

ここでは，短期合格するためのコツをお伝えしていきます。

USCPA試験については，合格までに必要な勉強時間は，受験生のもともとの会計知識や英語力で変わってくるけれど，勉強時間を短縮化できるコツというのは存在するよ。
短縮化のコツを知っているか知らないかで，合格までにかかる勉強時間が変わってくるから，勉強を始める前に知っておこうね。

どこ

1 短期合格できるタイプか確認しよう

１年から１年半くらいでサクッと合格できる人と，２年や３年もかかって苦労して合格する人がいます。合格者を見ていると，短期合格できる人にはいくつか共通点があることがわかります。

あなたは短期合格できるタイプでしょうか？「短期合格できる人」と「短期合格できない人」の比較をしていきますので，短期合格できるタイプなのか考えてみてください。

「短期合格できない人」に書かれていることは，短期合格から遠ざかる「やってはいけないことリスト」でもあります。短期合格に近づけるような受験生活を送る参考にしていただければと思います。

短期合格できるタイプか？

❶ 勉強が最優先の規則正しい生活が送れるか？
❷ 合格に最低限必要なことに集中できるか？
❸ 合格にプラスになるものを活用できるか？

1 勉強が最優先の規則正しい生活が送れるか？

規則正しい生活の中で，「USCPA の勉強を最優先する」という覚悟をもって，前向きに，周りに惑わされず，自分に合った勉強法で勉強を継続できる人は短期合格しやすいです。

「できない」「間に合わない」といった言い訳はせず，「何としてでもやる」「なんとか間に合わせる」人が合格できるでしょう。どんな言い訳も「私は努力ができない人間です」としか聞こえませんので，不合格になりたくなければ，どうしたらできるのかを考えてやるしかありません。状況や場所を勉強できない理由にしないよう，いつでもどこでも勉強できるしくみを整えるといいでしょう。

ただ漠然と勉強をするのではなく，何をどのタイミングで勉強すべきなのかをよく理解し，計画的に学習・復習・反復している人は合格に近づけます。

USCPA の勉強を最優先にすることは大切ですが，だからといって周りの人をないがしろにしてよいわけではありません。特に家族（恋人も含む）には，感謝を伝えるようにしましょう。

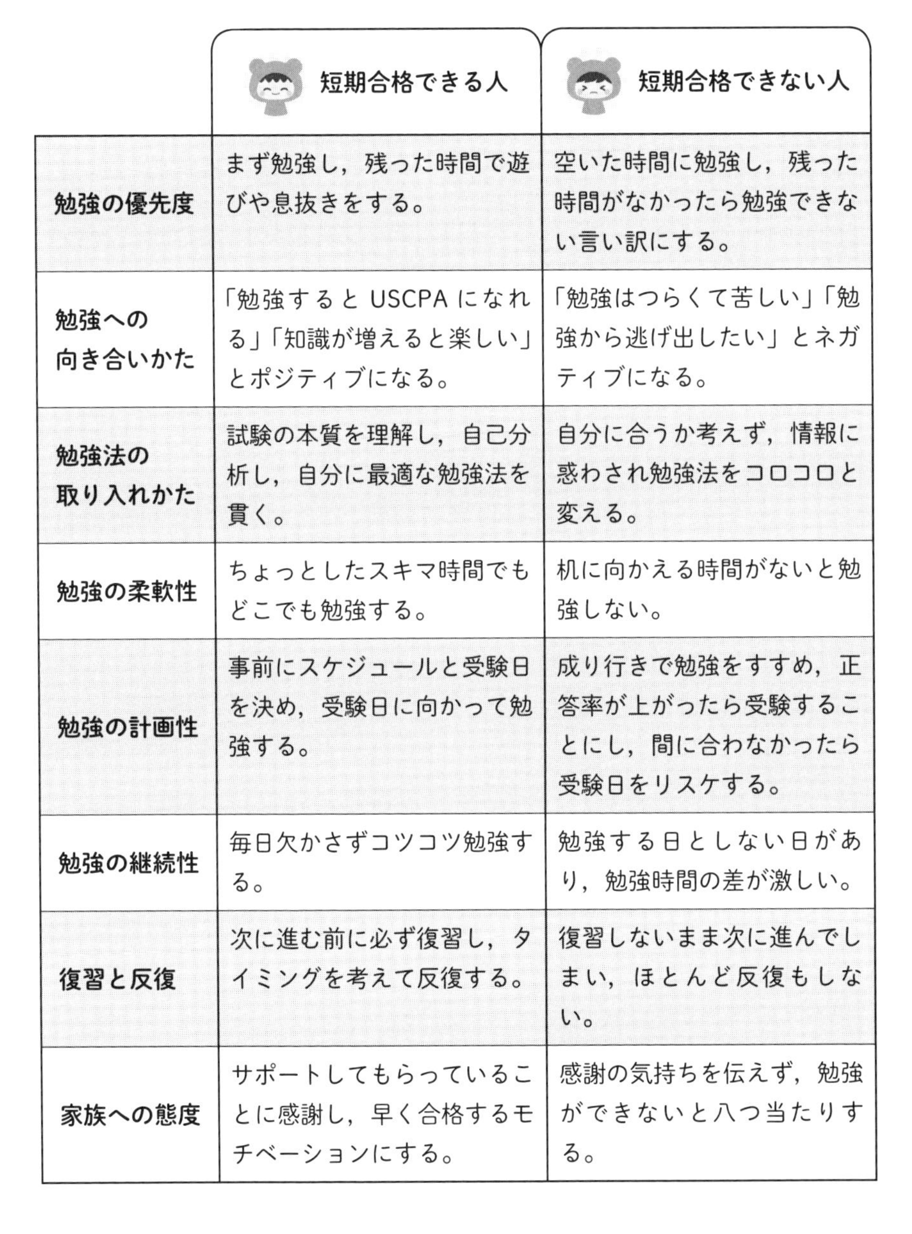

	短期合格できる人	短期合格できない人
勉強の優先度	まず勉強し，残った時間で遊びや息抜きをする。	空いた時間に勉強し，残った時間がなかったら勉強できない言い訳にする。
勉強への向き合いかた	「勉強するとUSCPAになれる」「知識が増えると楽しい」とポジティブになる。	「勉強はつらくて苦しい」「勉強から逃げ出したい」とネガティブになる。
勉強法の取り入れかた	試験の本質を理解し，自己分析し，自分に最適な勉強法を貫く。	自分に合うか考えず，情報に惑わされ勉強法をコロコロと変える。
勉強の柔軟性	ちょっとしたスキマ時間でもどこでも勉強する。	机に向かえる時間がないと勉強しない。
勉強の計画性	事前にスケジュールと受験日を決め，受験日に向かって勉強する。	成り行きで勉強をすすめ，正答率が上がったら受験することにし，間に合わなかったら受験日をリスケする。
勉強の継続性	毎日欠かさずコツコツ勉強する。	勉強する日としない日があり，勉強時間の差が激しい。
復習と反復	次に進む前に必ず復習し，タイミングを考えて反復する。	復習しないまま次に進んでしまい，ほとんど反復もしない。
家族への態度	サポートしてもらっていることに感謝し，早く合格するモチベーションにする。	感謝の気持ちを伝えず，勉強ができないと八つ当たりする。

2 合格に最低限必要なことに集中できるか？

短期合格を目指すということは，勉強する期間が短いので，無駄なことをしている余裕はありません。合格の最低ラインを意識し，なるべく少ない勉強時間で合格に必要な点をクリアする勉強スタイルを取る必要があります。

ほとんどの受験生がわかるような基礎的な論点や基本問題は，合格を左右するので完璧にし，反対に多くの受験生がわからないような細かい論点や難問は，合格に影響がないので意識的に捨てるようにします。

細かい論点のほうが勉強していて面白かったり，難問がわかると頭がよくなった気がして気分がよいかもしれませんが，それは合格のために必要なことではありません。

特に，合格後に働く際に必要だろうからと，合格に必要ではないことを勉強し出すと，いくら時間があっても足りなくなります。「合格に必要な知識」と「実務で必要な知識」は一致しないことを意識しましょう。

受験直前になってから，不安になって他の予備校の教材などを手に入れるのはおすすめできません。やるものを増やすよりは，今までやってきたものを違った角度から見直してみるほうが有効です。

また，受験本番でも何としても合格すると最後まで粘り，落としてはいけない問題では確実に点数を取り，捨ててもよい問題は切り捨てる勇気が必要です。

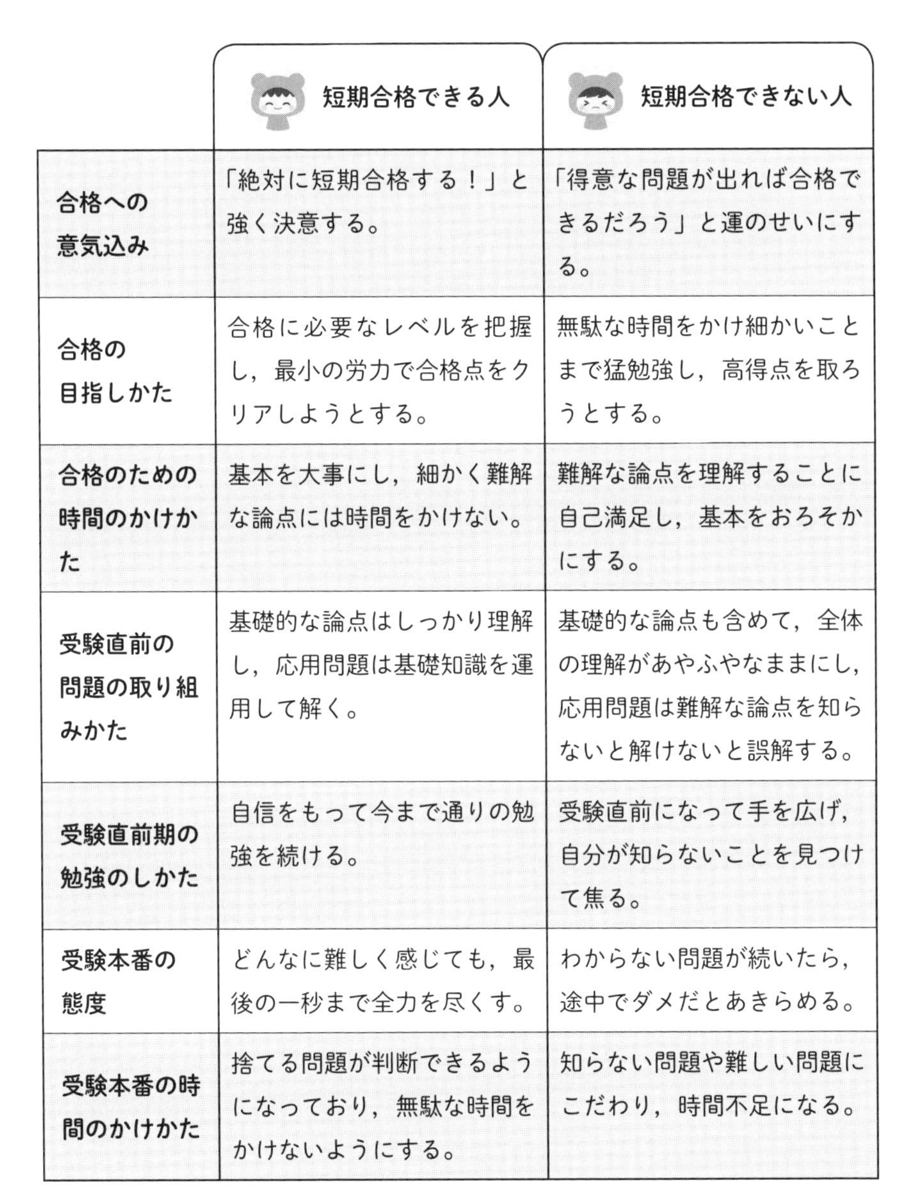

	短期合格できる人	短期合格できない人
合格への意気込み	「絶対に短期合格する！」と強く決意する。	「得意な問題が出れば合格できるだろう」と運のせいにする。
合格の目指しかた	合格に必要なレベルを把握し，最小の労力で合格点をクリアしようとする。	無駄な時間をかけ細かいことまで猛勉強し，高得点を取ろうとする。
合格のための時間のかけかた	基本を大事にし，細かく難解な論点には時間をかけない。	難解な論点を理解することに自己満足し，基本をおろそかにする。
受験直前の問題の取り組みかた	基礎的な論点はしっかり理解し，応用問題は基礎知識を運用して解く。	基礎的な論点も含めて，全体の理解があやふやなままにし，応用問題は難解な論点を知らないと解けないと誤解する。
受験直前期の勉強のしかた	自信をもって今まで通りの勉強を続ける。	受験直前になって手を広げ，自分が知らないことを見つけて焦る。
受験本番の態度	どんなに難しく感じても，最後の一秒まで全力を尽くす。	わからない問題が続いたら，途中でダメだとあきらめる。
受験本番の時間のかけかた	捨てる問題が判断できるようになっており，無駄な時間をかけないようにする。	知らない問題や難しい問題にこだわり，時間不足になる。

3 合格にプラスになるものを活用できるか？

自分が選んだ USCPA 予備校を信じて，提供されるものを最大限に活用しましょう。合格できない理由を予備校のせいにし，自分の中にある合格できない理由から目を背けると，なかなか合格できません。また，予備校の教材に文句をいって，いろいろな教材に手を出す「教材コレクター」になってしまうと，どれもが中途半端になってしまいます。

予備校の講義やテキストなどについて，結局どういうことなのか要約し自分に説明してみるクセをつけるとよいでしょう。うまく説明できないときは，理解できていない場合が多いです。

勉強仲間とともに切磋琢磨することは，短期合格に大きく貢献するでしょう。疑問点が解決できたり，理解が深まったり，情報が得られるだけではなく，モチベーションを維持するためにも有効です。

予備校に通えそうならば，ライブの講義に出席するのもよいでしょう。同じ講義を聴いている受講生は，少なくとも同じ科目の勉強中で，進捗も似ているでしょうから，情報共有をしたり励まし合ったりできます。また講師への質問もライブの講義ならしやすいです。

情報を集めるのは大切ですが，SNS などで発信されている情報が正しいとは限りません。特に長期間勉強を続けている受験生の発信は，たとえ数科目合格しているとしても「短期合格できない方法」であることが多いです。

	 短期合格できる人	 短期合格できない人
予備校への態度	予備校を信頼し，指導内容や学習方法を謙虚に受け入れる。	自己流で不合格になると予備校を批判し，予備校のせいにする。
予備校の教材の活用	予備校の教材だけを徹底的に活用する。	予備校の教材をやり残したまま，他の教材に手を出し安心する。
予備校の講義中	後で人に話すつもりで聴き（「アウトプット」するつもりで「インプット」する），重要なことを一言で要約してメモを残す。	受け身の姿勢で，とりあえず聴き，メモなどは残さない。
予備校の講義後	講師に質問をしたり，受講生と質問し合う。	講義がわからなかったら，もう一度聴き直すことにする。
予備校の問題集	頭の中にあるキーワードの定義やロジックから答えを導き出す。	何度か同じ問題を解き，解答を覚えてしまう。
予備校のテキスト	素早くキーワードを拾いながら読み，キーワードを使って要約してみる。	時間をかけてとりあえず読む。
模擬試験の受け方	出題形式に慣れ，時間配分の感覚をつかみ，捨てる問題を選ぶ力をつける。	受験の直前に受け，何も学ばず受けっぱなしにする。
勉強仲間への態度	「絶対に一緒に合格する」という信念でつながり，学びのシェアをしつつ，よいライバル関係を築く。	仲間が自分より先に合格すると嫉んだり，知識を独り占めしようとする。
情報収集のしかた	情報は量より質なので，むやみにいろいろな情報を集めようとしない。	氾濫する情報に惑わされ，合格にマイナスな情報まで信じる。

2 短期合格のため試験を理解しておこう

短期合格をしたいのならば，USCPA 試験についてよく理解しておく必要があります。倒す相手がわかっているからこそ，倒すのに必要な武器が揃えられるし，効果的に倒す対策が立てられるわけです。

USCPA 試験というのは，はっきりとした特徴がありますので，1つひとつ押さえていきましょう。

短期合格のために確認したい試験の特徴

❶ 出題の特徴
❷ 試験科目の特徴
❸ 出題形式の特徴
❹ 試験本番の特徴

1 出題の特徴を理解しているか？

USCPA 試験の出題の特徴は主に以下の3つとなります。

USCPA 試験の出題の特徴

❶ 出題範囲が広いこと。
❷ 基本がわかっているかが問われること。
❸ 応用力があるかも問われること。

①　出題範囲が広い

USCPA試験の出題範囲は広いです。細かいところから勉強すると迷子になってしまうので，最初に全体を押さえて，「体系的に学ぶ」ことが大切です。

全体をイメージしながら学習を進め，全体像の図やフローチャートを描き，「今どこを学習しているのか確認する」とよいでしょう。問題を見たらどの分野からの出題かわかるようになったり，テキストのどこに載っていたかわかるようになってきます。

また，全部をしっかり勉強しようとすると，何年たっても全範囲の勉強が終わりませんので，「完璧主義にならない」ことを心がけるようにしましょう。

出題範囲は広いのですが，よく出題されるトピックと，ほとんど出題されないトピックがあるので「メリハリをつける」必要があります。出題傾向の分析をして頻出トピックをしっかり押さえ，USCPA予備校が重要問題として取り上げている問題はしっかり解けるようにしましょう。

②　基本がわかっているかが問われる

USCPA試験は，「落とす」試験ではなく，合格基準を満たしていれば何人でも合格となる「合格させる」試験です。難しい細かいことは問われませんので，「広く浅く」基礎的な知識を身につける必要があります。

③　応用力があるかも問われる

USCPA試験は，丸暗記だけで合格できるような試験ではなく，理解をベースとして「分析力・応用力・即戦力があるか」が試される試験です。

「知識量」を問う問題も出題されますが，「知識を活用させる」問題も多く出題されますので，自分の頭で考えることが習慣になっている人は有利です。

2 試験科目の特徴を理解しているか？

効率的に勉強するには，USCPA 試験の科目について理解していることが大事となります。試験科目は，2024年１月からの新試験では，３つの必須科目と３つの選択科目のうち１科目で合計４科目となります。

試験科目

	略称	英語名	和訳名
必須科目（Core 科目）	FAR	Financial Accounting and Reporting	財務会計
	AUD	Auditing and Attestation	監査と証明業務
	REG	Taxation and Regulation	税法と商法
選択科目（Discipline 科目）	BAR	Business Analysis and Reporting	ビジネス分析と報告
	ISC	Information Systems and Controls	情報システムと統制
	TCP	Tax Compliance and Planning	税法遵守と税務計画

USCPA として適切に業務を行うために必要なことが，形式的に試験科目で区切って出題されているだけなので，完全に縦割りできるわけではないです。「FAR と AUD で同じような問題が出題された」などということが起こります。むしろ，同じことが違う試験科目で切り口を変えて，違った角度から出題されるのが自然でしょう（たとえば，財務諸表を作成する立場と財務諸表を監査する立場など）。

試験科目別に勉強することになりますが，試験科目間の横のつながりを意識したほうが理解が深まるでしょう。結果的に勉強時間の短縮につながりますし，合格後の実務でも役に立つと思います。

職域・出題内容・試験科目の関係

職域	出題内容		FAR	BAR	AUD	ISC	REG	TCP
			財務会計	ビジネス分析と報告	監査と証明業務	情報システムと統制	税法と商法	税法遵守と税務計画
会計	企業会計	財務会計	✓	✓				
		管理会計		✓				
	公会計		✓	✓				
	税務会計						✓	✓
経営	ファイナンス		✓					
	経済学			✓	✓			
	リスク管理				✓			
	IT（情報技術）				✓	✓		
監査	監査・証明業務				✓			
	SOC 業務				✓	✓		
	職業倫理				✓		✓	✓
税務		ビジネス法					✓	
	連邦税法						✓	✓
	税務計画							✓

USCPAの職域は，大きく分けると会計・経営・監査・税務であり，会計がFARとBAR，監査がAUDとISC，税務がREGとTCPと特に関係があると考えるとシンプルでしょう。

ただし，REGに含まれるビジネス法に関しては，監査業務，税務業務，経営コンサルティングなどの対クライアントサービスで必要な法律の知識となります。

また，BEC（経営環境と諸概念）というビジネス知識の「寄せ集め科目」は2024年1月からの新試験ではなくなり，BECの内容はREGとTCP以外の科目での出題となります。

3 出題形式の特徴を理解しているか？

さらに，効率的に勉強するには，USCPA 試験の出題形式の特徴も理解していることが大事となります。

USCPA 試験の出題形式

❶ Multiple Choice Question（MC 問題）：選択式

❷ Task-based Simulation（TBS 問題）：事例形式

ちなみに，2024年1月からの新試験では Written Communication（WC 問題）という記述式は出題されません。

基本的な内容は主に MC 問題の形式で問われ，応用的な内容は主に TBS 問題の形式で問われます。どの出題形式で出題されるのか予想がつけば，対策が楽になるでしょう。

試験科目ごとの各出題形式の出題数と出題割合

試験科目	MC 問題	TBS 問題
	選択式	事例形式
FAR	50問（50%）	7問（50%）
AUD	78問（50%）	7問（50%）
REG	72問（50%）	8問（50%）
BAR	50問（50%）	7問（50%）
ISC	82問（60%）	6問（40%）
TCP	68問（50%）	7問（50%）

ISC 以外の5科目は，MC 問題と TBS 問題の割合が50%ずつで，ISC のみ MC 問題が60%と他の科目より割合が大きくなっています。

①　MC問題（選択式）

MC問題（選択式）は，質問に対して4つの選択肢があり，4つの選択肢の中から1つ解答として選ぶ形式です。

基本的な定義や概念を理解しているか，計算ができるかなどが問われ，MC問題を解くのに高いスキルは必要とされません。

MC問題では，「基本論点」に関する問題に集中しましょう。「細かく難しい論点」に関する問題にこだわると，不合格となる可能性が高まります。

特に一度不合格となると，予備校以外の問題集を購入し「細かく難しい論点」にさらに集中するようになってしまう人がいますが，不合格を繰り返すことになりますので注意が必要です。

極端な話ですが，「基本論点」を完璧にすれば，「細かく難しい論点」は完全にバッサリ捨てても合格できます。よく知られている「パレートの法則」のように「2割の基礎知識が8割の点数を生む」であり，基礎知識だけで合格できてしまうのです。

MC問題で対策することしないこと

❶「基本論点」に関する問題：出題頻度が高く，かつ，勉強時間がかからない→しっかり対策する。

❷「細かく難しい論点」に関する問題：出題頻度が低く，かつ，勉強時間がかかる→対策しなくてもよい。

MC問題は，テニスでいったら「壁打ち」だと思って，USCPA予備校の問題集を何度か繰り返し解き，正確かつ素早く反射的に解答できるようにするとよいでしょう。この「アウトプット」を繰り返すことで，基本の型が身につき，「インプット」で足りなかったことがカバーされていきます。また，本番で時間が足りなくなるという事態が防げます。

② TBS 問題（事例形式）

TBS 問題（事例形式）は，ケーススタディー形式の実践的な総合問題で，USCPA が実務で遭遇するであろう業務がケース化され，分析力・判断力・問題解決能力などの応用力・実務能力が問われます。

ちなみに，2024年1月からの新試験では，Research（リサーチ）問題は形式が変更となります。単にデータベースから会計・監査基準を検索して解答するのではなく，提供された資料を検討・分析して解答することになります。

TBS 問題は，基礎知識をどのように組み合わせて解くのか考えるので，応用力がつきます。また，実践的に知識を使うので知識が定着し，何がわからないのかがはっきりしてきます。

MC 問題と TBS 問題の違い

❶ MC 問題：基礎問題が多く出題される。→ほとんどの人が当然答えられる基本的な論点を理解する必要がある。

❷ TBS 問題：応用問題が多く出題される。→基本的な論点を具体的な個々のことに当てはめられる必要がある（細かいことを知っているかが問われるわけではない）。

TBS 問題は，テニスでいったら「練習試合」だと思って，合格後に実際に仕事をすることをイメージして取り組むとよいでしょう。TBS 問題を解くことで，MC 問題で理解した個別論点のピースが寄せ集まり，徐々に全体の絵が見えてくるようになります。何の絵なのか確信できるくらいになれば，合格できるレベルに達しているでしょう。

4　試験本番の特徴を理解しているか？

USCPA試験ならではの特徴をご紹介します。これらの特徴があるため，USCPA試験は「本番の手ごたえと結果が一致しない試験」とよくいわれてしまいます。

試験本番の特徴

❶　採点方法
❷　「ダミー問題」

ちなみに，2024年1月からの新試験ではテストレットの難易度変化は起こりません。よって，「本番の手ごたえと結果が一致しない試験」といわれる要因が1つ減っています。

①　採点方法―難易度が考慮され，正解数で合否が決まらない

USCPA試験では，項目応答理論（Item Response Theory：IRT）と呼ばれる採点アプローチが使用されています。米国においては，USCPA試験だけではなく，大規模なライセンス試験のほぼすべてにおいて使用されているそうです。

USCPAの試験のスコアは，難易度が直接反映されてしまう素点（raw score）ではなく，難易度が考慮された換算点（scaled score）です。事前に1つ1つの問題の難易度を分析していますので，受験生の集団レベルや問題のレベルに左右されることがなく，受験生の能力が換算点で表せます。

簡単な問題がたくさんできても合格できるわけではなく，難しい問題ができなかったからといって不合格になるわけではないということになります。75％以上できたと思っても，合格になるとは限らないので，合格したと確信していたのに不合格だった受験生が発生します。

② 「ダミー問題」─採点されない問題も出題される

USCPA 試験で出題される問題は，大きくは以下の２つに分かれます。

■試験問題の種類■

❶ Operational Questions：採点される問題

❷ Pretest Questions：採点されない問題　☜通称「ダミー問題」

「ダミー問題」とは，出題されて解く必要があるけれど採点されない問題であり，正解でも不正解でも合否には関係ありません。

できなかった問題が「ダミー問題」であることもあるので，できなかった問題が多かったとしても不合格になるわけではないということになります。できなかった問題が「ダミー問題」であれば採点に影響はないため，不合格だと思っていたのに合格していた受験生が発生します。

このように，USCPA 試験は「本番の手ごたえと結果が一致しない試験」ですので，試験本番でも注意が必要でしょう。

■試験本番で気をつけること■

❶ 「できていない」と思っても，最後まであきらめないこと。

❷ 「できている」と思っても，最後まで気を抜かないこと。

3 短期合格のため情報を集めよう

試験は「情報戦」でしょう。特にUSCPA試験は，試験制度や試験内容が頻繁に変わりますので，大小さまざまな変更のうち，大きい変更だけでも押さえておかないと，合否に影響があるかもしれません。

USCPA試験は米国の試験ですので，英語で調べると多くの情報が出てきます。USCPA予備校からの間接的な情報以外にも，NASBA（全米州政府会計委員会）やAICPA（米国公認会計士協会）の公式情報などを積極的に確認するようにするとよいと思います。

情報を集める

❶ USCPA予備校の発信
❷ NASBAやAICPAの公式情報
❸ 受験生同士の情報交換

1 USCPA予備校の発信（受講生サイト，SNS，メルマガ）

自分が受講しているUSCPA予備校のお知らせから情報を得たり，他のUSCPA予備校のX（旧Twitter）などSNSやメルマガをフォローしてどんな話題があるのか確認するとよいでしょう。

米国のCPAプログラムのプロバイダーも，英語で情報発信していますので，余裕があればチェックしておくとよいでしょう。

2 NASBAやAICPAの公式情報（公式ウェブサイト，SNS）

USCPA試験に関する最新の情報や詳細が知りたい場合は，NASBAのウェブサイトの「The Candidate Guide」を読んでみましょう。USCPA受験生が受験までに目を通すことが義務付けられているもので，USCPA受験生が知っておくべきUSCPA試験の情報が網羅的に記載されています。

また，AICPAのウェブサイトのCPA Examに関するページも読んでみましょう。AICPAが提供している試験に関する情報で，特に参考にしていただきたいのは，以下の3つです。

AICPAが提供する試験に関する情報

❶ Sample Tests（サンプルテスト）
❷ Blueprints（ブループリント）
❸ Released Questions（リリース問題） ☜通称「リリ問」

① Sample Tests（サンプルテスト）

AICPAが受験生のために用意している「お試し問題」です。誰でも解いてみることができます。

受験生は本番の試験とそっくりの問題を解くことができ，試験で使用するソフトウェアの形式や機能に慣れることができます。どのように本番の試験が進行するのか体感できますので，受験前に試しておいて損はないです。

また，USCPA試験を受けるか決めていなくても，本番の試験ではどのようにどんな問題が出題されるのか知りたい場合は試してみるとよいでしょう。

②　Blueprints（ブループリント）

AICPAが受験生のために公表している「試験の設計図」です。誰でも内容を確認することができます。受験生は，試験ではどの分野の出題割合が多いのか，どのくらいのレベルのスキルが求められるのかが確認できます。

USCPA予備校はBlueprintsに対応して教材を作成していますが，USCPA試験の勉強を始めた頃に，どのようにメリハリをつけて勉強をするか意識するためにも，自分で一度確認してみるとよいでしょう。

③　Released Questions（リリース問題）

AICPAが受験生のために用意している「過去問」です。残念ながら，一般には提供されていないため，USCPA予備校などを通して入手することになります。受験生は，本番で出題された問題を解くことで，出題の傾向とレベルが体感できます。

早い段階で，最新の年度のものを一度解いてみるとよいでしょう。解けるかではなく，どのような論点がどのレベルで出題されるのかを実感するのが目的なので，「まだ過去問を解くには早い」と考えなくてかまいません。

その後も，自分の実力との差を把握するためにも，直近以外の年度のものを含めて解き，どのように勉強していくか方針を決めるのに役立てるとよいでしょう。

3 受験生同士の情報交換

SNSで，USCPA受験生の間で勉強の悩みや合格者の勉強法が共有されています。実際にいま勉強をしている人や合格したばかりの人の情報は貴重です。とはいえ，勉強法に関しては，さまざまなタイプの合格者がいますので，どの合格者の真似をしてもよいわけではないでしょう。

① 自分に似たバックグラウンドの人を真似しましょう

合格者の学歴や職歴，会計や英語のレベルなどのバックグラウンドに注意しましょう。たとえば，会計初心者なのに，既に会計の知識があったり実務経験がある人の勉強法をそのまま参考にすべきではないでしょう。

特に，日本の公認会計士試験合格者などが，講義は聴かない，テキストは読まない，問題集は一度だけ解くなどという勉強法をおすすめしていることがありますが，はたして自分もそのまま真似して合格できるか，冷静に考えてみたほうがよいでしょう。ラクしたいからと，ラクできるところばかり集めて取り入れようとすると合格から遠ざかるでしょう。

自分に似たバックグラウンドの人の勉強法を探しつつも，全く同じ人はいないでしょうから，自分に合わせてカスタマイズしましょう。

② 自分の勉強のタイプを考えて参考にしましょう

朝勉強するのが集中できる人もいれば，夜のほうがはかどる人もいますし，家でしか勉強できない人もいれば，カフェや自習室など外の方が集中できる人もいます。

また，勉強する時間や場所を固定するのが落ち着く人もいれば，コロコロ変えるのが飽きなくてよいという人もいるでしょう。

たとえば，合格者が朝型の人で，毎朝カフェで勉強して合格したと言っても，勉強の時間や場所を必ずしも真似する必要はないでしょう。真似するべきは，規則正しく勉強を続けるためのコツです。

4 短期合格のため逆算して勉強しよう

社会人の方なら，何か仕事が与えられたとき，ゴール（目標）を設定し，逆算してスケジュールを作り，タスクを１つひとつ決めていくというプロセスを取っていると思います。

タスクを１つひとつやって，積み上がっていったら，「いつかたどり着く」のではなく，「いつまでにたどり着く」と決めて，そのときに向かって積み上げていくでしょう。勉強も仕事と同じことをするわけです。

USCPA 試験は社会人が多く受けますが，忙しくても短期合格が果たせているのは，仕事で培ったタスク管理が活かせているからではないでしょうか。

逆算して勉強する

❶ 最終ゴールと途中の小さなゴールの設定
❷ やるべきことリストとスケジュールの作成
❸ ゴールまでの距離の確認と軌道修正

1 最終ゴールと途中の小さなゴールの設定

短期合格できる受験生は，いつ受験し，いつまでに合格するという期限が明確です。期限を決めず，「完璧になったら受験する」とあやふやにすると，いつまでも「完璧だ」と思える時期が来ないため，どんどん受験するタイミングが後ろ倒しになっていきます。

少なくとも，最終ゴール（全科目の合格時期）と途中の小さなゴール（各科目の受験時期）は明確にする必要があるでしょう。

① 最終ゴール（全科目合格の時期）の設定

はじめに，最終ゴールを設定します。USCPA 試験は，最初の科目に合格してから１年半（今後変わる可能性があります）を過ぎた科目の合格実績が失効してしまうので，どんなに長くても合格実績が失効する前に全科目合格するようなスケジュールにする必要があります。

英語力と会計知識から何時間くらいの勉強が必要になるのか判断していただきたいのですが，短期合格を目指すとしても，1,000時間くらいはかかると思っていただければさほどギャップは生まれないはずです。

週当たり20時間くらい勉強できるということであれば，1,000時間÷20時間/週＝50週＝１年となり，勉強開始から１年くらいでの全科目合格が現実的なゴールとなります。

② 受験科目の順番の決定

各科目の受験する順番を決めましょう。受験する順番は受験生が自分で決められます。

受験科目の順番の決定例

選択科目	1番	2番	3番	4番
BAR の場合	FAR	BAR	AUD	REG
ISC の場合	FAR	AUD	ISC	REG
TCP の場合	FAR	AUD	REG	TCP

FAR と BAR は会計関連科目
AUD と ISC は監査関連科目
REG と TCP は税務関連科目

試験科目は FAR，AUD，REG の必須３科目と BAR，ISC，TCP の選択３科目で，まず選択科目を何にするか決める必要があります。

それから，各科目間の内容の重複度合い，各科目のボリュームなどを考慮して受験する順番を決めます。学習の効率性や学習のモチベーション維持にも関わってきますので，自分に合った順番を自分の納得のいくように決める必要があります。

たとえば，FARは一番最初に受験するのがおすすめとなっています。というのは，FARは全ての科目の基礎となる会計知識を学習しますし，ボリュームがあり学習に時間がかかるため，FARに合格してから合格実績失効のカウントダウンが始まるようにすると，時間的猶予ができるからです。

そして，AUDはFARと一部内容が重複しますので，必須科目の中ではFARの次に受験するのがおすすめです。

さらに，REGは他の科目とあまり重複していないため，必須科目の中では最後に受験するのがおすすめです。

選択科目は必須科目で関連する科目に続いて受験するのがおすすめです。もしBARを選んだ場合はFARの次，ISCを選んだ場合はAUDの次，TCPを選んだ場合はREGの次に受験すると効率的に勉強が進められるでしょう。

③　小さなゴール（各科目の受験の時期）の設定

受験する順番が決まったら，最終ゴールに至るまでの小さなゴール（各科目の受験のタイミング）を決めます。各科目でボリュームや難易度が違い，どの科目にも同じだけの勉強時間が必要になるわけではないので，注意が必要です。

特にFARは，ボリュームがありますし，一番最初に受験することになる場合が多いため，まだ勉強法や勉強のペースが確立できていないこともあり，全範囲の勉強を終えるのが大変です。完璧を目指して勉強すると，いつまでも受験ができず，1科目も受験しないままUSCPA試験から撤退することになってしまいます。

たとえ完璧ではないと思っても，自分が決めた期限が来たら，受験してみることをおすすめします。自分では合格は無理と思っていても合格することがありますし，合格点に全く達しなかった場合は，勉強法を変えたほうがよいこともあるので，早く軌道修正ができます。

小さなゴールの設定例

<table>
<tr><th>○月後</th><th>スタート</th><th>USCPA 予備校入学</th></tr>
<tr><td>1</td><td>英文会計入門　学習</td><td rowspan="3"></td></tr>
<tr><td>2</td><td rowspan="5">FAR＋BAR　学習</td></tr>
<tr><td>3</td></tr>
<tr><td>4</td><td>FAR　受験</td></tr>
<tr><td>5</td><td>FAR　合格</td></tr>
<tr><td>6</td><td>BAR　受験</td></tr>
<tr><td>7</td><td rowspan="3">AUD　学習</td><td>BAR　合格</td></tr>
<tr><td>8</td><td></td></tr>
<tr><td>9</td><td>AUD　受験</td></tr>
<tr><td>10</td><td rowspan="3">REG　学習</td><td>AUD　合格</td></tr>
<tr><td>11</td><td></td></tr>
<tr><td>12</td><td>REG　受験</td></tr>
<tr><td></td><td>ゴール</td><td>REG 合格＝全科目合格</td></tr>
</table>

＊選択科目が BAR の場合

「一発合格」より「短期合格」を目指し，不合格を恐れず受験していきましょう。

ダラダラとリスケしないよう，受験日を決め，早めに試験会場の予約を入れてしまいましょう。直前ではなければ，予約の変更は無料です。予約をすると現実味を帯びて，やる気が維持できます。

2　やるべきことリストとスケジュールの作成

短期合格できる受験生は，合格するためにやるべきことを明確にし，計画を立てています。ゴールまでのプロセスが明確で，計画が具体的です。

勉強すべきことをリスト化し，その月にやること，その週にやることとブレークダウンしていきます。

①　各科目共通でやるべきことの決定

何を勉強するのか，リスト化します。基本的には全科目同じように勉強していけばよいので，やるべきことも共通しています。たとえば，講義を聴くことや問題集を解くことはどの科目でも同じでしょう。

もし，1科目やってみて，さらにやったほうがよいことがあれば2科目目以降のリストに追加し，やる必要がなかったことがあれば削除します。

②　その科目特有のやるべきことの洗い出し

その科目だけでやっておくべきことがあれば，その科目のリストに追加しましょう。USCPA予備校や他の受験生からの情報共有などを通して，どんなことをやったほうがよいのかはわかってきますので，最初から全部網羅できなくても大丈夫です。

③　やるべきことを実行するタイミングの設定

その週にやることをスケジューリングします。1日ごとの計画を綿密に立てるよりは，1週間ごとくらいの大まかな計画がよいかと思います。その週になったら，その週にやるべきことを具体的に書き出して（付箋などに書いてもよいでしょう），何が終わったか目に見えてわかるようにする（終わったら付箋をはがすなど）のがおすすめです。

3　ゴールまでの距離の確認と軌道修正

短期合格できる受験生は，ゴールと今の自分との距離を常に確認し，学習の進捗により，定期的に軌道修正を行っています。

①　ゴールまでの距離の確認

現在地とゴールまでの距離は，常に確認するようにしましょう。「現在地点」と「進んできた道」と「これからの道」が目に見えてわかるようにするのがポイントです。

実際にやるべきことを表にして，終えるたびにコマに色を塗って，どこまで進んだか確認してもよいでしょう。また，受験日までの日程がわかるようにし，あと何日あるのかカウントダウンしてもよいでしょう。

視覚化するとスケジュール管理しやすいですし，モチベーション維持にもなります。毎日少しでも前進していると実感できれば，ゴールに向かってそのまま進み続けようとする力になりますし，一日一日を大事に使って勉強しようと思えるでしょう。

②　軌道修正

トライ＆エラーで，進捗を確認しつつ計画を修正します。特に一番初めに立てた学習計画というのは，一番モチベーションが高く，自分の学習のペースがよくわかっていない状態のため，「理想的」かつ「無理なもの」になりがちです。

実際と理想は違うので，実際の自分の学習のペース（たとえば，1時間に解ける問題の数など）がわかってきたところで，軌道修正しましょう。

Column 7

USCPA 試験はどんな試験？

USCPA 試験を受けるからには，USCPA 試験というのはどんな試験なのか理解しておく必要があるでしょう。会計の試験であることは明らかですが，ちょっと違った視点で考えてみましょう。

試験問題を作成している AICPA（米国公認会計士協会）が提供している Blueprints（ブループリント）などを読むと，AICPA がどうしてこのような問題を出しているのか，出題者としての意図が感じられます。

USCPA 試験には，新人の公認会計士ができないといけないことや，知らないといけないことが出題されます。このように書くと「当たり前では？」と思われると思うのですが，わざわざ「新人」とされているのがポイントではないかと思っています。

「Column 1　なぜ USCPA 試験は簡単と思われる？」でもお伝えしたのですが，USCPA というのは，日本の公認会計士と違って，まずは公認会計士としてスタート地点に立たせることを重要視している資格です。そして，難しい専門知識が既にあるかより，その後の競争社会で生き残れるかが重要です。

つまり，基礎的な最低限のことができて，最低限の知識があるかが USCPA 試験でも問われるといえるでしょう。難しいことや細かいことは問われませんので，難問や奇問は出題されません（もし出題されているとしたら，それは通称「ダミー問題」と呼ばれる採点されない問題である可能性が高いです）。

反対にいうと，基礎ができていないと，公認会計士としてスタート地点に立たせる訳にはいかないということで，容赦なく不合格になります。USCPA 試験は，「公認会計士としての最低限の品質を満たしているか」を振り分ける試験と考えるとわかりやすいのではないでしょうか。

途中で挫折しないための
サポート

本章でお話しすること

短期でUSCPA試験に合格することを目指す場合，ポイントとなるのは，いかに「勉強の質」を上げ，「勉強の量」をコンスタントに確保できるかでしょう。

ですので，具体的にどうすれば「勉強の質」を高められるのかと，「勉強の量」を一定量確保できるのかヒントをご紹介していきたいと思います。

また，「絶対にUSCPAになる！」と決意したなら，途中で挫折しないでいただきたいので，よくあるご相談を基に，挫折しそうなときのための「処方箋」をご用意しました。

挫折しそうになったら参考にしていただき，「絶対にUSCPAになる！」という気持ちを取り戻していただければと思います。

どこ

ご紹介する学習のヒントは，1つのアイデアとして参考にしてね。
USCPA試験は，思ったより勉強が大変だから，全科目合格までに一度や二度は勉強をやめたくなったりUSCPAに対して悲観的な気分になったりすると思うよ。
つらくなったら「処方箋」を読んでみてね。

1 「勉強の質」×「勉強の量」で結果が出せるか決まる！

USCPA 予備校は，USCPA 合格に必要な勉強時間の目安を1,000時間としています。これは，１週間20時間の学習を１年間（約50週）コンスタントに続けると1,000時間になるということです。１週間で20時間ということは，１日平均３時間になります。

USCPA 受験生は忙しい社会人が多いため，１日平均３時間の勉強時間を確保するだけでも大変でしょう。よって，「勉強の量」をこれ以上増やそうとするのはあまり現実的ではないです。

予備校は勉強時間，つまり「勉強の量」について言及しますが，実際に大切なのは「勉強の質」です。結果が出せるかは，質の高い学習を一定時間確保すること，つまり，高い「勉強の質」と一定の「勉強の量」で決まります。

「勉強の質」を高めるヒントと，「勉強の量」を確保するヒントをご紹介していきますので，参考にしていただければと思います。

1 「勉強の質」を高めるヒント

まずは「勉強の質」を高めるヒントから見ていきます。

「勉強の質」を高めるヒント

❶ 「一極集中」で確実な理解・記憶
❷ 「ポモドーロ・テクニック」で集中力を継続
❸ 「エビングハウスの忘却曲線」に沿った復習・反復
❹ 「プチ本番」で本気モード
❺ 「自己分析」で効率化

① 何を勉強するか？　あれもこれも手を出さず「一極集中」

USCPA 予備校の教材を信じ，徹底的にやるのが大切かと思います。重要なものはテキストに載っていますし，問題集に載っていないものが本番で出題されたとしても，テキストから得た知識で解けるか，難易度が高いので合否に影響がないかどちらかの場合が多いでしょう。

USCPA 予備校以外の問題集に手を出して，多くの問題を解くことが目的になってしまっている受験生がいますが，それは時間がかかるだけで意味がありません。勉強をしたと満足感が得られるだけです。

また，一度不合格になったからといって，予備校のせいにして，予備校以外の教材に手を出そうとすると，失敗することが多いです。せっかく予備校が大事な問題に絞ってくれているのですから，予備校の問題集に出てくる問題で，確実に理解と記憶をしていくのが効率的でしょう。

② どうしたら集中して勉強できるのか？「ポモドーロ・テクニック」

適度な休憩をはさむと，集中力を切らすことなく勉強が続けられます。「ポモドーロ・テクニック」というタイムマネジメント術が参考になります。

■「ポモドーロ・テクニック」の実践方法■

❶ アラームが25分後に鳴るよう，タイマーで設定する。
❷ アラームが鳴るまで，25分間勉強に集中する。
❸ アラームが鳴ったら，５分間休憩する。
❹ ❶から❸を４回繰り返したら，15分間から30分間の休憩を取る。

「25分間の勉強＋５分間の休憩」×４セットを終えたら，長めの休憩を入れるという時間管理の方法です。

私の場合は，朝は出勤前に２時間勉強すると決めていましたので，25分間×４回＝100分間が問題を解く時間，５分間×４回＝20分間は休憩時間に振り分けていました。休憩なしに120分勉強するよりは，集中できていました。

特に，勉強中にスマホを見たくなってしまう人は，「休憩の５分間しかスマホは見ない」と決めて，手元からスマホを離しておけば，25分間は集中できます。

③　適切なタイミングで復習・反復する！　「エビングハウスの忘却曲線」

「若くないので覚えられない」「記憶力が悪いので覚えられない」「バカだからすぐ忘れる」などの言い訳をよく聞きますが，人間は忘れるのは当然なので，どうすれば覚えられるのか考えてみる必要があります。

記憶するためには，海馬に「この情報は重要だ」と思わせることが必要だといわれています。そのためには，その情報に繰り返し接することが有効で，反復するほど記憶に定着します。「記憶にかけた時間」ではなく，「反復した回数」がポイントです。

「エビングハウスの忘却曲線」という実験結果によれば，一度記憶したあと，以下のようなタイミングで復習・再記憶するとよいといわれています。

「エビングハウスの忘却曲線」に基づいた復習のタイミング

❶　30分後
❷　１日後
❸　１週間後
❹　１ヵ月後

一度覚えたら，早いうちに（30分後に）復習をし，その後３回（１日後，１週間後，１ヵ月後）は繰り返します。

私の場合は，30分後の復習では学んだことを自分で自分に説明できるかを確かめ（ポモドーロ・テクニックも30分が１セットなので相性がよいです），１日後の復習では，朝一番の学習を始める前に，前日に学んだことを簡潔にまとめて話せるか確かめていました。

ほか，講義を受けた帰りや，自習室やカフェなどで勉強した帰りに，電車の中で習ったことを自分に説明できるかブツブツいって確かめると記憶が定着していました。説明できないことがあったら，理解が足りないということなので，家に着いたらテキストを開いて該当部分の復習をしました。

１週間後，１ヵ月となると，復習のタイミングがわからなくなりがちですが，何を勉強するかは１週間単位で決めていましたので，曜日で見極めていました。「今日は月曜日だからこれを新しくやって，１週間前の月曜日に学習したこれと，４週間前の月曜日に学習したこれも復習する」などと曜日で振り返るとわかりやすかったです。

復習のタイミングの例

❶ 前の日の復習＋１週間前の復習＋４週間前の復習
❷ 25分間勉強＋５分間休憩
❸ 休憩までの復習＋（25分間勉強＋５分間休憩）×３セット

④ 時間を意識できているか？　普段から「プチ本番」

試験には時間制限があるので，時間を意識して問題を解くことが大事です。ストップウォッチなどを使って，どのくらいのスピードで解いているのか，自分の問題を解くスピードを把握しましょう。理解が深まると同じ問題でも解くのが速くなりますので，自分の理解度もわかります。

また，１問あたりの制限時間を設けると集中できますし，早く問題を読んで，早く論点をつかむ癖ができてきます。

本番の問題数に合わせて，本番の8割程度の時間で問題を解くといった負荷をかけた練習もするとよいでしょう。8割程度にするのは，本番では実力の7割から8割しか出せないといわれているからです。

たとえば，MC問題の数は，以下のようになっています。

各科目のMC問題の問題数

FAR：50問　BAR：50問
AUD：78問　ISC：82問
REG：72問　TCP：68問

本番ではMC問題を一気に解きますので，本番と同じ問題数をひとかたまりとして，時間を設定して解く練習をしておくと，本番で時間が足りなくなったり，余ったりなどの失敗がなくなります。

⑤　自分の弱点は何か？　意識的にミスを防ぐ「自己分析」

自分の実力がわかっていないと，効率のよい勉強ができません。よく間違えるのはどのような問題なのでしょうか？　間違えの傾向にはどのようなものがあるのでしょうか？

問題を解く際には，結果を残すことをおすすめします。3回ほど繰り返し問題を解いて，結果の分析をしましょう。

問題を解いた結果のパターン

❶ 繰り返し正解する問題
❷ 繰り返し間違える問題
❸ 正解になることもあれば，間違えることもある問題

この中で最初に時間をかけるべきなのは，「正解になることもあれば，間違えることもある問題」です。まずは，このような問題の対策を重点的に行うことで，得点源が増えていきます。

完璧を目指さなくても，75点以上で合格となるので，本番で理解があやふやなために自信がないといった問題を１つでも減らすことが，合格への近道でしょう。

「繰り返し正解する問題」は，自分にとっては簡単であり，あまり時間をかけなくてよいでしょう。

「繰り返し間違える問題」は，自分にとっては難しいということでしょう。時間をかけても理解が難しそうならば，無理にできるようにならなくてもよいかもしれません。

なぜ間違えたのか「自己分析」をし，どうしたら二度と間違えなくなるのか考えましょう。

間違える理由のパターン

❶ 知識不足：問題を解く大前提の知識が足りない。
❷ 演習不足：知識の応用の仕方がわかっていない。
❸ 戦略不足：時間が足りなくなる，ケアレスミスをするなど。

知識が欠けている場合，足りない知識が何なのか細分化して考え，自分の弱点を正確に補強します。

知識は足りているけれど，どの知識をどう使えばよいのかがわかっていない場合，問題をたくさん解いて，どのように解けばよいのか慣れていきましょう。

何に時間をかけるか，どう時間配分するか戦略を立てていない場合，戦略を立てることで，決まった時間内に問題が解き終わるようになったり，見直しをする時間が取れ，ケアレスミスが防げるようになるでしょう。

特に，ケアレスミスについては，「ケアレスミスしてしまった」で終わらせてしまうと，何度も間違えてしまうので，ケアレスミスしがちなものが何かを分析して，ケアレスミスをなくす工夫をしましょう。

「繰り返し間違える問題」の間違える理由をノートにまとめたり，ケアレスミスの反省リストを作って，自分の弱点を普段から意識するようにし，本番前にもさっと見返すと，本番での無駄な失点が防げるでしょう。

2 「勉強の量」を確保するヒント

次に「勉強の量」を確保するヒントを見ていきます。

「勉強の量」を確保するヒント

❶ 「やらないことリスト」でムダを断捨離
❷ 「習慣化」の力で勉強はハミガキと同じに

① 勉強時間をどう確保するか？ 「やらないことリスト」

時間を上手に使う方法としては「やることリスト（To Do List）」を作成するのが王道なのですが，やるべきことをただ単に足していくと，キャパオーバーになってしまいます。

ですので，「やることリスト」ではなく「やらないことリスト」を作成し，自分がやる必要がないこと，自分にとって優先度が低いことは「やらない」と決意し，生活の中から消していくとよいでしょう。

やらなくても支障がないことを断捨離すれば，USCPAの勉強に使える時間が増えますし，USCPAの勉強のための体力も残せます。

私の「やらないことリスト」の一部を参考までにご紹介します。大きく分けると，仕事での「やらないことリスト」，プライベートでの「やらないことリスト」，USCPAの勉強での「やらないことリスト」です。

「やらないことリスト」の例

仕事での「やらないことリスト」

❶ 会議は可能な限り断って出席しない。

❷ 自分が全てやろうとしない。

❸ 無駄な仕事は断ってやらない。

プライベートでの「やらないことリスト」

❶ 家事は必要以上にやらない。

❷ 服は必要最低限しか持たない。

❸ テレビは観ない（そもそもテレビは持たない）。

USCPAの勉強での「やらないことリスト」

❶ 高得点を狙わない。

❷ 他人の勉強法を鵜呑みにしない。

❸ USCPA予備校のせいにしない。

仕事に関しては，「やらないこと」を決めて，本当に大切だと思うことだけやれば，会社にとっても自分にとってもプラスになります。

プライベートに関しても，自分の価値観に基づいて「やらないこと」を決めるのは，「USCPAの勉強時間を増やす」ためだけではなく，「生活の満足度を高める」ためにも大切なことではないでしょうか。プライベートに関することならば，仕事に関することよりも遠慮なく断捨離してしまえるでしょう。

最後に，いくら勉強に回せる時間が増えたとしても，勉強自体が「やらなくてよいこと」でまみれていたら意味がないので，USCPAの勉強に関しても「やらないこと」を決めましょう。第7章の「短期合格できない人」がやっていることも参考にしてください。

②　勉強をどう継続するか？「習慣化」

USCPA 試験は，試験内容が難しいから合格できないというよりは，勉強が継続できなくて，受験をあきらめてしまう人が多いです。特に1科目目の受験まで勉強が続かない人が多い印象です。

何かを続ける際，最初の3ヵ月間が一番つらいです。3ヵ月間を乗り越えると，習慣になって楽になってきます。USCPA の勉強を始めてからしばらくは，勉強のリズムができていないのでハードな状態が続き，「これがいつまで続くの？」と思うでしょう。ですが，毎日勉強を続けるうちに少しずつ楽になってきますので，悲観的にならないでください。

ハミガキと同じで「勉強しないと気持ちが悪い」という状態にしてしまいます。「勉強しない」という選択肢をなくして，「何があっても，絶対に USCPA の勉強をする」と当然やらなくてはいけないものにしてしまいます。

私の場合は，朝目が覚めたら，布団の中で今日学習することを確認し，昨日学習したことを軽く思い出します。前の日に少し中途半端な，「少し物足りない」ところでわざと勉強をストップさせているので，「あの続きからやらなくては」という気になります。

そして，「続きからやらなくては」という気持ちを引きずったまま出かける準備をし，朝7時オープンのカフェに行って続きから勉強を始めます。疲れていて何もしたくない気分のときでも，ルーチンになっているので，カフェに着けばスムーズに続きから始められます。

勉強を始めるまでが多少つらくても，やりだしたら楽しくなってきて，いつまでもやりたくなってきます。いつまでもやりたくても，出勤時間になったらストップしなければならないので，「少し物足りない」ところでまた明日になってしまうのも，勉強を継続するのにプラスに働きます。やり切ってしまうと，次の日にゼロスタートになり，労力がかかるからです。

2 挫折しそうなときのための「処方箋」

USCPA の勉強は長く続きます。勉強さえ続けられれば合格できるのですが，勉強が続けられず途中で挫折してしまう人も多いです。せっかく勉強を始めたのですから，途中であきらめてほしくないです。

USCPA の勉強を続けるモチベーションを下げる悩みや不安を取り上げましたので，同じような状況になってしまったときに参考にしていただければと思います。

1 もう勉強したくない

ただ単に「やる気が出ない」という場合は，いったん寝てしまいましょう！　睡眠が足りていないと勉強する気になれませんし，無理に勉強しても効率が悪いです。また，カフェなどに行き勉強する場所を変えてみるのも効果的です。

「なぜ USCPA の勉強なんて始めてしまったのだろう」と落ち込んでしまった場合，作成していただいた「USCPA 合格の誓約書」を見返してみてください。「絶対に USCPA になる！」と決めた初心を思い出してみましょう。

「なぜ自分は USCPA の勉強ばかりしているのか」と疑問に思う場合は，USCPA 学習中の人と一緒に勉強してみましょう。たとえば，USCPA 予備校の自習室で勉強をして，USCPA の勉強を頑張っている人を身近に感じると，「休んでる場合ではない，負けてられない」と思えてきます。私の場合は，「1 年だけがんばろう。何もしなくても 1 年は経ってしまう。人生でがんばった 1 年があってもいいのでは」と思うことにしていました。

「USCPA の勉強がつまらない」とモチベーションが上がらない場合は，USCPA 学習中の仲間と問題を出し合ったり，一緒に暗記の語呂合わせや歌を考えたりしましょう。勉強が楽しくなってきます。

「もう USCPA の勉強はやめよう」と思った場合は，自分の意志で始めたはずの勉強をやめてしまっても後悔しないか考えて，将来の自分が後悔しない選択をしましょう。

「勉強してもいいかも」という気になってきたら，「絶対に USCPA になる！」と声に出していってみましょう。いうことで意識が変わります。そして，５分だけでもよいのでテキストを読んだり，１問だけでもよいので問題を解いてみましょう。

やる気がなくなるのは普通ですので，自分のことが嫌になる必要はないです。やる気が一時的になくなったら，寝てしまっていったんリセットしてからまた始めましょう。途中少しくらい勉強をストップしても，また勉強を再開して続けられれば，最後に勝てます！

2　計画通りに勉強が進まない

思ったように勉強が進まないのは珍しくなく，むしろ当然のことです。計画通りにいかないことはあらかじめ見込んでおき，計画通りにいかなくても問題ないと認識しましょう。

計画が遅れたときの「予備日」もあらかじめ組み込んでおけば，スケジュールが大きく崩れることはないので安心です。ノルマがこなせなかったときに，翌日以降にノルマを増やすやり方だと，ノルマが増えすぎて追いつけなくなるかもしれませんし，プレッシャーとなりネガティブな感情につながっていきます。

ノルマについても「このくらいはできたらいいな」という理想と，「最低限これだけはやる」という下限を二重で決めておき，最低限のボーダーを下回らなければよしとしましょう。

3 勉強時間が取れない

時間が取れないなら，最低限合格に必要なことが何なのか考えましょう。全部覚える時間が取れないなら，キーワードだけ押さえるなど，できることに集中しましょう。

また，1時間当たりの効率を上げるにはどうしたらよいのか，本当は2時間勉強したいのに1時間しか勉強時間が取れないなら，どうしたら1時間で勉強を終えられるのか考えてみましょう。

一時的に勉強時間が取れないだけならば，ランチの時間や通勤の電車の中など，スキマ時間に少しでもよいので勉強をしてみましょう。「まったく勉強しないという日を作らない」のがポイントです。1度完全に止まると，またスタートするのに労力がかかるからです。

勉強時間が取れないから仕事を辞めるというのは，おすすめできません。収入が安定しているほうが，精神的にも安定して勉強が続けられる場合が多いです。また，時間があれば勉強できるというのは幻想で，仕事を辞めると規則正しい生活が崩れて，余計に勉強できなくなる可能性が高いです。

4 勉強しても停滞している気がする

勉強していると，正答率が上がらなかったり，理解が深まっていない気がする時期が必ず来ます。実際は前に進んでいるので，やったことを見返してみましょう。

学習記録アプリや手帳などに毎日の勉強の記録を残していき，目に見えて勉強時間が積みあがっていることを実感するようにしましょう。

5 他の人より出来が悪い気がする

USCPA の勉強は自分との闘いですので，周りと比べる必要はありません。毎日コツコツと勉強を続け，どれだけ本番に向けて準備ができるかが大切です。他人は他人，自分は自分ですので，自分に合った戦略で合格にたどり着けばよいでしょう。

もし，他の人より出来が悪いと感じているのなら，とにかく勉強するしかないです。決してあなたの頭が悪いわけではなく，単に「勉強の量」が足りないだけのことも多いです。他の人は裏で努力をしていて，あなたが思っている以上に勉強しているかもしれません。勉強での心配や不安は，勉強することでしか解消できません。

6　受験できるレベルになかなか到達しない

受験できるレベルになったら受験しようと思っていると，いつまでもそのときは来ません。受験するときは大抵いつでも，「あともう少し時間があれば」と思うことになるでしょう。

よって，受験日を早く決めてしまい，受験日までに可能な限り合格できるレベルに近付こうと努力するのがよいでしょう。

まずは全体像をざっくりと把握し，基本は押さえ，それから細かいところを詰めていく勉強法にしましょう。受験までに基本を押さえるのが間に合えば，高得点は取れなくても，合格点は取れるはずです。

7　合格できるか不安

まだ１科目も合格していないようでしたら，１科目合格するまでが一番不安であって，１科目でも合格すれば心理的負担が極端に軽くなりますし，２科目目以降も同じように勉強すればよいと自信がつきます。

受験本番前に不安ということでしたら，できるだけやり切ったから大丈夫と自分にいい聞かせ，絶対に合格できると自分を信じ，絶対に合格すると強い意志でベストを尽くしましょう。

8 予備校が取り扱っていない問題を見つけ不安

USCPA 予備校のテキストや問題集で見たことがない問題が過去問などに載っていると，予備校を信じて大丈夫か不安になるのはよくわかります。

ですが，予備校は全ての論点を完全にカバーすることを目的としていません。効率的に合格してもらうため，出題される可能性の高い基本的な論点をカバーすることを目的とし，むしろそれ以外はわざわざ取り扱いを絞っています。

よって，載っていないからと慌てるものではないですし，予備校を批判するものでもないでしょう。予備校の講師が「しっかり押さえるように」といったことを完璧にすることが大切です。

9 実務で使わなそうなことを覚えたくない

USCPA 試験の内容は，他の資格試験に比べたら実務的で役に立つ知識が多いと思いますが，確かに公会計や米国の連邦税法などは，せっかく覚えても活かせる機会がない気がします。

活かせる機会がない気がすると覚えたくないのはよくわかりますが，資格のためと思って覚え，早く合格してしまいましょう。

「資格の勉強」と「実務の勉強」は切り離して考える必要があります。合格して USCPA として働き始めれば，いやというほど実務に直結した，自分にとって役に立つ勉強ができるようになります。早く「実務の勉強」がしたいという気持ちをエネルギーにして頑張りましょう！

10 USCPAをバカにされてモヤモヤする

USCPAの勉強をしているとなぜか，「USCPAは日本の公認会計士より簡単」，「誰でも合格できる」などとバカにしてくる人が定期的に現れます。

そのようなことをいってくる人で，USCPAに合格している人はいませんし，頑張っている人の足を引っ張ろうとする人なので相手にしなくてよいでしょう。

合格したら「USCPAは簡単だし，誰でも合格できるので，私でも合格できました。あなたも受けてみたらどうですか？」とやり返しましょう。

また，「USCPA資格なんて取っても仕方がない」などと否定的な話をするUSCPAもいますが，その人がUSCPA資格を取っても仕方がなかっただけです。

あなたは活かせると思って勉強を始めたのですから，自信をもち，「USCPA資格を活かして活躍できなくて残念でしたね」と心の中で同情しておきましょう。

USCPAの勉強は，マラソンのようなものだと思うよ。
ライバルに抜かれようが，向かい風が吹こうが，適切なペースで走り続けることが大切だよ。
ラストスパートは，ゴールの直前でよくて，それまでは同じペースで無理なく走り続けること。
そして，走りかたも気をつけたいね。
適切なフォームで走れば，疲れが少なく，ゴールまでの時間を短くできるよ。
途中で少し休憩しても，遠回りしてしまっても，大丈夫。ゴールだけに目を向けてね。

どこ

Column 8

まとめノートは作ったほうがよいか？

勉強法について，USCPA受験生からよくいただく質問があります。それは，要点をまとめたノートを作るのか，テキストに講義のポイントなどを書き込んでいくのか，どちらがよいのかという質問です。

合格するためには情報を集約する必要があります。試験に出る可能性が高いことを効果的に理解・記憶するために情報をまとめるわけです。この集約はノートでやっても，テキストでやってもよいので，自分の好みで選べばよいでしょう。

私の場合は，まとめノートを作るより，テキストに情報を集めるのが自分に合っています。テキストに情報を集めた上で，大事なポイントがすぐにわかるようポイントに色を付けたり，マークを加えたり，絵を描いたりしました。また，まとめノートは作りませんでしたが，情報のまとめは大き目の付箋に書き，テキストの該当ページに貼り付けていました。

まとめノートに関しては，何のために作成するのか考えないと，単なる時間の無駄になってしまいます。「情報を集約する」ことが大切なのに，試験に出る可能性の低い細かいことまで網羅して，膨大な情報のまとめノートを作ってしまっては，覚える量を増やすだけとなってしまいます。

まとめノートを作るとしたら，全体が把握できるような図，何かを比較した表，暗記しなければならない数値などを書いて，テキストの補足的なものにし，スキマ時間に確認したり，暗記できるようなものにするとよいと思います。

おわりに――あなたにとって一番の選択は決まりましたか？

最後まで読んでいただきましたが，「USCPAになりたい」から「USCPAに絶対なる！」と強く決心することになったでしょうか？　それとも「USCPAになるのはやめておく」と気持ちが変わったでしょうか？

USCPAは，全ての人におすすめできるわけではありません

今まで多くの人が「USCPAになりたい」と思ってきました。USCPAとして活躍できた人もいれば，合格したけれどUSCPAという資格は活かせなかった人もいますし，合格できず挫折してしまった人もいます。表には「USCPAになって成功した人」しか出てきませんが，裏には多くの人の後悔が隠れているでしょう。

USCPAは，活かせる人には最高にコスパのよい資格です

あなたに後悔をしていただきたくないので，本書ではUSCPAのマイナス面もたくさんお話ししてしまいましたが，活かせる人にとっては，USCPAは自分の将来の可能性が広がるコスパのよい資格です。「自分なら活かせる！」と確信できたならば，ぜひチャレンジしてください。

「USCPAに絶対なる！」と強く決心したあなたが，無事にUSCPA試験に合格して，USCPAとして活躍できるように願っているよ。
USCPA試験合格のゴールテープを切るまで，本書があなたのよき伴走者になりますように。

どこ

【著者紹介】

どこ

ワシントン州USCPA（米国公認会計士）。
「USCPAどこのブログ」管理人。
USCPA試験全科目合格後，大手監査法人に転職し，東京事務所の国際部にて，外資系企業をメインのクライアントとする会計監査人になる。その後タイのバンコクに移住し，米国企業のタイ子会社にて，親会社への会計レポーティングを担当し，さらに帰国後，日系グローバル企業の東京本社にて，連結決算に携わる。
「USCPA試験の勉強をしている友達に合格してもらいたい」，「USCPAとして働いてきた今までの経験を伝えたい」という2つの理由から，「USCPA試験とUSCPAのキャリア」がメインテーマのブログを書き始める。
・「USCPAどこのブログ」URL　https://dokoblog.com

icon by iconpon.com
画像素材：https://www.iconpon.com/

USCPA（米国公認会計士）になりたいと思ったら読む本〈改訂版〉

2022年4月1日　第1版第1刷発行
2023年12月25日　改訂版第1刷発行

著　者　ど　こ
発行者　山　本　継
発行所　㈱中央経済社
発売元　㈱中央経済グループパブリッシング

〒101-0051　東京都千代田区神田神保町1-35
電話　03（3293）3371（編集代表）
03（3293）3381（営業代表）
https://www.chuokeizai.co.jp
印刷／昭和情報プロセス㈱
製本／㈲井上製本所

＊頁の「欠落」や「順序違い」などがありましたらお取り替えいたしますので発売元までご送付ください。（送料小社負担）

ISBN978-4-502-48281-6　C2034